プロ法律家の
クレーマー対応術

横山雅文
Yokoyama Masafumi

PHP新書

はじめに――悪質クレーマーの時代

「私の息子はやくざです。そのうち、息子をつれてお礼にいきたいとおもいます。今夜は全然寝られません。心臓まひでもおこして死にそうです」

これは、ある60歳代の女性の依頼者から、深夜に私の事務所に送付されたファックスの文面です。

その女性は、再三にわたって私に対し、不合理な訴訟活動を要求したため、信頼関係を維持できないことを理由に私が弁護を辞任したばかりでした。

このように顧客などから理不尽な要求をされたうえ、嫌がらせを受けた経験のある方は多いのではないでしょうか。

顧客だけではありません。学校においては生徒の親、行政窓口では市民、近隣関係においては隣人などから、不合理なクレームや嫌がらせをしつこく受けるという事例が最近ひどく多くなったように思います。

彼らは、見かけは普通の人々とそう変わりません。しかし、その行為は我々を大いに困惑させ、苦しめるのです。

苦情・クレームに名を借りて、執拗《しつよう》に不当な要求や嫌がらせを繰り返す人々を「悪質クレーマー」といいます。

一般に多くの苦情・クレームは、企業、学校、行政窓口の商品やサービスが不適切・不十分だったことに起因するものです。苦情・クレームの多くは基本的に、真摯《しんし》に傾聴すべきものだと思います。

実際に、ほとんどの企業が、「お客様のクレームに対しては、真摯に耳を傾け、お客様が満足するまで誠意をもって対応します」と標榜《ひょうぼう》しています。従業員に対しても、「クレームはお客様からの重要なご指摘であり、企業の財産である」と指導しています。

しかし、苦情・クレームを言う人々の中には、企業やその従業員に対し、明らかに不当な要求、理不尽な要求をしたり、困らせてやろうとするいわゆる悪質クレーマーが現に存在します。しかも、どうやらそのような人々はますます増え、さらに悪質になっているようなのです。

このような悪質クレーマーに対して、「お客様のクレームに対しては、真摯に耳を傾け、お客様が満足するまで誠意をもって対応する」「クレームはお客様からの重要なご指摘であり、企業の財産である」という建前で対応すると、対応に当たる担当者は精神的に疲弊してしまいます。そして、かえって問題を長期化させることが多いのです。

なぜなら、彼ら悪質クレーマーは、我々の弱い立場（顧客主義）につけ込んでくるからです。さらに、多くの場合、彼らの人格や精神面に問題があるため、合理的な説得はほとんど不可能だからです。

悪質クレーマーに対しては、「お客様」として対応するのではなく、法的な対応をとるべきなのです。

法的対応といっても、必ずしも、弁護士に依頼して法的手続をとるということではありません。彼らの行為を顧客としてではなく、法的に客観的に評価して、判断・対応するという意味です。具体的方法については本書で述べますが、このような**法的対応をすることで、ほとんどの悪質クレーマーは沈静化します**。

最近、反社会的勢力に属する人物が地方自治体の首長候補者を射殺した事件がありました。報道によれば、この犯人も役所に不当要求を繰り返していた悪質クレーマーであったそうです。

また、学校においても理不尽な要求を突きつけて、関係者を困らせる保護者が増えています。彼らはモンスターペアレントと呼ばれており、先生が弁護士に相談できる「学校法律相談」を始めた教育委員会もあると聞きます。

そして、近時、頻繁《ひんぱん》に報道された「騒音おばさん」も近隣生活における典型的な悪質クレーマーであり、彼女の存在によって近隣住民がどれほど苦しめられたかはここで改めて指摘するまでもないでしょう。

このように、**悪質クレーマーは、いつ我々の前に出現するかわからず、運悪く取り憑《つ》かれれば、我々の人生を狂わすほどの脅威**なのです。

本書では、悪質クレーマーをいくつかのタイプに分類して、それぞれのタイプの特質を指摘すると同時に、その特質に即して対処のポイントの解説を試みています。

運悪く、悪質クレーマーに遭遇し、対応せざるを得なくなったとき、本書は対応のヒント、指針として役立つと思います。

そして、**悪質クレーマーといわれる一連の人々の実態を知ることは、実は、今日の私たちの社会の病理を知ることでもある**と考えます。それは非常に興味深いのではないでしょうか。

なお、本文中に取り上げた事例は、種々の配慮から、当事者、設定等を変えてあります。実際の事案を参考に再構成したフィクションとお考えください。

プロ法律家のクレーマー対応術　目次

第2章 顧客？ それとも悪質クレーマー？

第3章　悪質クレーマーの4タイプと対応の基本

第4章　顧客を悪質クレーマーに変えるな

第5章　悪質クレーマーの術中にはまるな

第6章 クレーマーに言質・念書を取られるな

第7章　悪質クレーマーの犯罪行為

第8章 企業不祥事が起こったときのクレーム対応

第9章　悪質クレーマー対応の7つの鉄則

第1章

悪質クレーマーに潰される！

1　悪質クレーマーが激増している

悪質クレーマー激増の背景

ある自動車メーカーの統計によると、お客様相談室にかかってくる電話の約10パーセントが、苦情や企業への提言などのいわゆるクレームだそうです。

このようなクレームを言ってくる人の中には、**そもそもクレームの原因自体存在しなかったり、あるいはそのような原因があるにしても、企業側が誠実な対応や合理的な説明を繰り返しても、なお、しつこく企業や企業の担当者に対して不当要求を繰り返す悪質クレーマー**がいます。

私は、主に企業の顧問弁護士として、多種にわたる業種の事件に携わってきました。その中で企業から寄せられる相談・依頼案件に、顧客からのクレームに関するものがここ5、6年で極めて多くなったのです。

一般的に言えば、従来、クレームの処理は、店舗や営業部門、お客様相談室など、企業の「うち」で解決される案件であったと思います。

例外的にクレーマーが暴力団などのいわゆる反社会的勢力に属する人物であるような場合、民事介入暴力対策として、我々弁護士が関与する程度でした。

ところが、現在、多くの企業が、一般人（反社会的勢力に属さない）の悪質クレーマー対応に頭を悩ませています。そして、企業内では解決できずに弁護士である私に相談したり、あるいは、クレーマーとの交渉それ自体を私に依頼してくる案件が後を絶たないのです。

なぜでしょうか。

それは、企業の担当者が合理的な説明を繰り返しても、法外な賠償を要求したり、必要もない社長による直接の謝罪や新聞紙による謝罪広告を求めるといった不当要求をしつこく繰り返す一般人のクレーマーが非常に増え、企業の内では適切な対応が極めて難しくなったからです。

しかも、一昔前なら、厄介《やっかい》なクレーム事案もだいたい１ヶ月もすれば収束していました。

しかし、近時のクレーム事案は、１年以上交渉を続けていることは決して珍しくないのです。

さらに、いたずら電話、迷惑メール、インターネット上での誹謗中傷、果ては殺傷行為など企業や行政窓口の担当者に対する加害行為を伴う事件も多くなってきています。

そして、このような企業を悩ませるクレーマーのほとんどは、サラリーマン、主婦などの一般人なのです。

ところで、なぜ、ここ数年でこのような一般人の悪質クレーマーが増えたのでしょう。

お客様相談室に長年勤務する企業の担当者は、口をそろえて、「近頃の人々は病んでいる」と感想を言います。

常識はずれの要求をしてなかなか納得しない悪質クレーマーと対応していると気づくことですが、彼らは外見的には一般の人とほとんど変わりませんが、思考やロジックが極端に自己中心的なのです。

悪質クレーマーと人格障害

精神医療の分野に人格障害という概念があります。

人格障害とは、「著しく偏った感じ方、考え方、対人関係機能、衝動の制御の仕方のために社会生活に支障をきたした状態」のことで、アメリカ精神医学界の診断基準ＤＳＭに採用され、正式に用いられるようになりました。

人格障害は、その特性によって、いくつかのタイプに分類されるようです。しかし、その共通する特徴として、①自分への執着が強く、②傷つきやすく過剰に反応しやすく、③両極端な思考に陥《おちい》りやすい、という3つの点が挙げられるそうです（岡田尊司《たかし》『人格障害の時代』平凡社新書）。

そして、精神医療の専門家の間では、近頃、人格障害と診断のつく人々が多くなっているというのです。悪質クレーマーと交渉した経験のある人の多くは、なるほどと合点がいくのではないでしょうか。確かに、私も、悪質クレーマーの多くは、ある人格障害のタイプの特徴と符合していると思います。

ただ、どうして人格障害と診断される人々が増えてきたのか、社会的な背景を特定することは難しいです。また、悪質クレーマーに人格障害のレッテルを貼ることは危険な側面があると思います。

私は、悪質クレーマーが増加したことには、３つの背景があると考えています。それは、
①消費者保護関連法の施行による権利意識の高揚
②度重なる企業不祥事とそれに対する一般社会の激烈な反応
③インターネットの普及によって一般人でも企業・行政に対する攻撃が可能となったこと
の３つです。

消費者意識の高まり

平成7年にPL法（製造物責任法）が施行されて以来、消費者を保護する観点からの法律施行が相次いでいます。

消費者契約法、個人情報保護法、さらに特定商取引法の改正など、いずれも、消費者の権利を保護する目的の法律です。

このような法律の施行が相次ぐと消費者の権利意識は高揚します。

そして権利意識が高揚すると、一般の消費者は、法律の適用範囲を十分に理解しているわけではないので、過度な主張、要求をしがちなのです。

たとえば、特定商取引法では、通信販売業者に対しては、一定期間の契約の無理由解除を認めるクーリングオフの制度を設けることを義務づけてはいません。ところが、通信販売業者にクーリングオフの規定を設けないことは違法であるとクレームをつけてくる消費者は多いのです。

また、個人情報保護法では、自己の個人情報の消去を求めることができるのは、企業側に一定の個人情報保護法違反がある場合に限られています。しかし、多くの消費者は、常に自己の個人情報の消去を要求できるものと誤解して、要求に応じない企業に対して個人情報保護法違反であるとクレームをつけてくるのです。

これらの例は、いわば消費者の思い違いなのです。

しかし、消費者を保護する法律が施行されると消費者は過度に自己の権利を企業に対して主張できると思い込みがちであり、その結果、潜在意識に**「企業に対して優位に立っている」という感覚が醸成される**のではないでしょうか。

企業不祥事への激烈な反応

近時、企業や地方自治体の不祥事が相次いで報道されていることはここで改めて述べるまでもないでしょう。

著名な大企業がリコール隠しや食品の偽装表示を行っていたことが報道されると、消費者の間に、「企業というのは平気で消費者を騙すものだ」という意識が蔓延《まんえん》します。

すると消費者は、企業に対して猜疑心《さいぎしん》を持つでしょうし、そこで何かあれば、企業に対決姿勢をとるでしょう。そして、強硬に企業を責め立てる自分に社会正義を実現しているという錦の御旗があるように思い込みがちです。

しかも、企業不祥事に対するマスコミや社会の反応は最近とみに激烈になっています。

BSE対策関連の補償金を得るために牛肉の産地を偽装した企業が、解散に追い込まれましたが、このことは非常に象徴的であると思います。

というのは、40年以上前には、公害、薬害、毒物混入によって、国民の生命・身体に重大な被害を与えた数多くの公害・薬害企業がありましたが、そのほとんどが今も存続しているからです。

牛肉の産地偽装はいわば詐欺ですが、消費者の生命・身体には全く影響を与えていないのです。にもかかわらず、一つの企業が消滅に追い込まれました。

それほど、企業不祥事を起こした企業に対する社会の反応は激烈になったということです。

このような企業不祥事に対する社会の激烈な反応を背景に、一般の消費者も「大企業といえども自分のクレームをきっかけとして、消滅するかもしれないぞ」という感覚を少なからず持っているのではないでしょうか。

インターネットによる攻撃の威力

一般の消費者が企業にクレームをつけても自分の要求が通らなかった場合、10年前であれば、企業に何か攻撃を仕掛けようと考えても方法がありませんでした。これが反社会的勢力に属する人々であれば、株主総会における執拗《しつよう》な質問や街宣車、あるいは、ゴシップ記事の掲載など企業に対する様々な攻撃手段があります。

ところが、近時は、インターネットの普及によって、一般人でも掲示板への書き込みやホームページ、あるいは、ブログで企業を告発・誹謗中傷することができるようになったのです。

ヤフーやグーグルなどの検索サイトの利用が一般化したため、このような手段による企業に対する攻撃はマスコミと変わらぬ威力を持つようになっています。

特に、新商品やサービスの概要・評価を知るために、このような検索サイトを利用する消費者は非常に多いと思います。検索によって、企業や企業の製品・サービスを誹謗中傷するサイトにヒットすれば、商品の購買を思いとどまることも十分考えられます。ネットでの誹謗中傷が、企業の事業に与える影響は極めて重大なのです。

このような攻撃手段を知った人々の中には、企業の製品の欠陥やサービスの不備で被った損害の賠償を求めるのではなく、**告発や誹謗中傷をネット上に流されることによって企業が受ける損失の範囲内であれば、企業は自分にお金を払ってもおかしくないと考える人もいる**

かもしれません。

そして、いざとなれば、自分も企業に対して重大なダメージを与えうると思えば、企業に対し、常識ではありえない賠償を求めることも躊躇《ちゅうちょ》しないでしょう。

2　これまでのクレーム対策が通じなくなった

顧客主義という建前につけ込む

このような状況のなか、従来のクレーム対策は、「クレームに対しては、そのお客様がご納得いくまでの対応を心掛けることによって、そのお客様がお得意様になる」、あるいは、「クレームは商品やサービスの開発・改善に役立つ企業にとっての財産である」といったスローガンに代表されるように、顧客主義一辺倒の傾向がありました。

そして、クレーマーの不当な要求に対しては「毅然とした対応」の一言で済まされていたのです。

このことは、企業だけでなく行政窓口や学校でも同様であると思います。

しかし、顧客主義一辺倒では、このような企業の顧客主義につけ込んでくる悪質クレーマーに対しては、いたずらに時間と労力を費やすだけなのです。

私のところに相談が持ち込まれた案件の中には、クレームをつけられてから2年が経過しているというものは珍しくないですし、4年前から悩まされているという案件もありました。

悪質クレーマーから従業員を守れ

このような顧客主義一辺倒で費やされるのは時間ばかりではありません。

企業が標榜《ひょうぼう》する顧客主義とそれにつけ込む悪質クレーマーとの狭間で、悪質クレーマーに対応している従業員の精神が危機に瀕しています。

企業イメージのために「お客様にご納得いただけるまでの対応」を標榜するのはいいでしょう。

しかし、悪質クレーマーが現に存在し、激増しているということを認識したうえで、具体的に対応策を立てておかなければ、長期間、悪質クレーマーと対応しなければならない従業員や行政窓口の職員は地獄ではないでしょうか。

実際、悪質クレーマーと長期間、関わったために精神の健康を害する企業の従業員、行政の窓口職員は珍しくありませんし、突発的な加害行為により重大な傷害を負う場合すらあるのです。

近年、行政の職員がクレームをつけてきた人物に脅迫を受けたり、殺傷されるという事件が相次いでいます。事件の事実関係の詳細は明らかにされていませんが、職員にそれだけの被害を受けるべき非がないことは明らかだと思います。

善良な顧客に対するしわ寄せ

さらに、悪質クレーマーがもたらす被害は、企業の従業員や行政の職員に対してばかりではありません。

企業・行政等の限られた人的資源を考えれば、このような悪質クレーマーに労力を費やすことは、善良な他の顧客・市民に対するサービス低下を招くことが容易に予測されます。お客様相談室やフリーダイヤルが悪質クレーマーによって占領されれば、本当に必要な問い合わせをしたり、苦情を言おうとしている顧客は多大な迷惑を被るでしょう。これが、行政機関の窓口などであれば、なお迷惑です。

さらに、企業や行政がこのような悪質クレーマーに長期間煩《わずら》わされること、あるいは、万が一、不当要求を受け入れてしまうことがあるとすれば、そのコストは価格に転嫁、行政の場合は、税金という形で他の善良な顧客・市民にしわ寄せがくるのです。

悪質クレーマーには合理的な説明が通じない

そもそも、**悪質クレーマーは、本質的に合理的な説明、常識的な対応では納得しない人々**なのです。まず、このことを肝に銘ずる必要があると思います。

したがって、**悪質クレーマーとの交渉は必ず堂々巡りとなり、悪質クレーマーの不当な要求を呑まない限り、交渉を続けても平行線**なのです。

そのうちに従業員は精神的に疲弊し、さらには、いたずら電話、迷惑メール、インターネット上での誹謗中傷など様々な迷惑行為や加害行為にさらされることになります。

ですから、悪質クレーマーに長期間関わることに全く意味はありません。

3　「顧客」と「悪質クレーマー」をはっきり分けよう

悪質クレーマーには法的対応をとる

結論から言うと、従業員の精神的健康のため、また善良な顧客に対するサービスの質を落とさないために、顧客と悪質クレーマーとは峻別して対応すべきです。

悪質クレーマーは顧客として対応すべきではありません。悪質クレーマーを顧客として扱う限り、そこに彼らは必ずつけ込んでくるからです。

悪質クレーマーに対しては、顧客対応ではなく法的対応をとるべきです。

法的対応といっても、なにも直ちに弁護士に交渉や法的手続を依頼するということではありません。彼らの行為に対して、法的観点から客観的に対応するということです。

たとえば、彼らの賠償要求が法的観点から認められないのであれば、文書でその要求を拒絶し、これが最終回答であると通知します。

従業員に対する誹謗中傷や迷惑などの嫌がらせがあれば、同じく文書で以後の交渉を拒絶する通知をしたうえ、仮処分などの必要な法的手続をとります。

さらに、彼らの行為が業務妨害罪などの犯罪行為を構成するのであれば、警察に通報したり、刑事告訴の手続をとるのです。

このように悪質クレーマーを対立する相手方として捉えて法的に対応することで、顧客対応から離脱するということが重要です。

実は、このような対応をすると悪質クレーマーはほとんどの場合、不当要求を継続できなくなるのです。なぜなら、彼らは、「お客様対企業」という、自分にとって優位な関係を前提に不当要求を続けているのであり、このような法的対応をとられるとその関係が崩れてしまうからです。

4　クレームにマニュアルで対応する危険性

マニュアルに頼りすぎるのは危険

最近になって、企業・行政等も激増する悪質クレーマーに対応するためにマニュアルを作成するようになりました。

しかし、マニュアルに則って形式的に対応することは危険です。

というのは、クレーム対応は、ただでさえ、ストレスを受ける割に報われることが少ない仕事です。したがって、マニュアルは、悪質クレーマーとは言い切れない厳格な顧客、気の強い顧客などのいわゆる難顧客を排斥する方向に運用されるのです。

形式だけの、難顧客排斥を感じさせる対応をすると、それが原因で、一般の顧客を悪質クレーマーに変えてしまったり、場合によっては、そのような対応自体を非難されて企業不祥事につながる場合もありえます。

マニュアルは固定化しない

クレーマー対策の最終的な目標は、具体的な場面で、顧客と悪質クレーマーとをどう区別し、悪質クレーマーにはどう対応するかという、的確な判断・対応能力を全従業員が身につけることです。

したがって、マニュアルは、その企業や行政等で実際に起きた事例を集積して検討を加えたものでなければ、適切な判断・対応を導く道しるべとはなりません。過去の失敗事例、成功事例を織り交ぜながら、**具体的事例を前提としたマニュアルを作成することが重要**です。

そして、作成されたマニュアルは、固定化するのではなく、事例の集積・検討を加えて更新していくのです。

先に私は、悪質クレーム対応が長期化することによって、従業員の精神が危機に瀕していると言いました。

従業員の精神を疲弊させないよう、できるだけ不必要なストレスを与えないためには、過去の具体的なクレーム事案を挙げて、最終的にはどういう決着となったのか、そこで、してはいけない注意点は何か、どのような対応（具体的な話法を盛り込んで）が有効かを指摘する事例集ともいえるマニュアルが非常に有効です。

人間は、先の見えない紛争に一番ストレスを感じます。そして、人間は、「こうしたらよい」と指導されるよりも、「これだけはしてはいけない」ということを指摘されて対応する方が、ストレスは少ないのです。

全従業員がノウハウを共有する

このようにクレーマー対策は、企業・行政等が組織として関わるべきもので、決して、お客様相談室や直接顧客と対応する部門だけで構築すべきものではありません。

また、一部のクレーム対応のベテランだけが担当すべきものでもないのです。

企業の経営者及び全従業員が、的確な判断・対応能力を身につけ、ノウハウを共有することが必要なのです。

第2章

顧客？　それとも悪質クレーマー？

1 「不当要求に対しては毅然とした対応」では指針とならない

クレーム対策に関するどの書物を見ても、「悪質クレーマーの不当要求に対しては、毅然とした対応をすべきである」と書いてあります。

しかし、悪質クレーマーは、「悪質クレーマー」と書いたネームプレートをつけてやってくるわけではありません。当初は、企業の製品・サービスの欠陥や不備によって被害を被った顧客として現れるのです。

もし、顧客が企業の製品の欠陥やサービスの不備によって被害を被ったのであれば、多かれ少なかれ、企業に反感を持ったり、感情的になっています。

猜疑心や激情から、対応に出た担当者に罵詈雑言《ばりぞうごん》を浴びせることもあるでしょう。

また、一般の消費者は、企業の製品やサービスに関して、企業の従業員ほど精通しているわけではありません。そこには思い違いからくる過度の要求もありえます。

さらに、弁護士としての経験から言って、実際に被害を被った顧客の求める損害賠償は、往々にして、法的な賠償責任をはるかに超えた範囲や金額になりがちなのです。

企業にとっては、これらの顧客への対応に当初は苦慮するでしょうが、この段階で悪質クレーマーと判断すべきではありません。顧客として対応すべきです。

肝心なことは、どの時点で悪質クレーマーと判断したらよいのかということです。

また、「悪質クレーマーに対しては毅然とした対応」といっても、実際にはどのような行動をとればよいのでしょう。

「毅然とした対応」というからには、企業ないしクレーム担当者は不当要求を拒絶するということでしょうが、それでも不当要求がなかなか収束しなかったり、迷惑メールやいたずら電話、ネット上での誹謗中傷などの嫌がらせ行為が行われるからこそ悪質クレーマーは厄介なのです。

「毅然とした」という曖昧《あいまい》な言葉ではなく、より具体的な対応指針が必要です。

2　悪質クレーマーと判断してよい基準とは

まず、どこまでが顧客として対応すべきクレームで、どこからが悪質クレーマーとして対応すべき不当要求なのかの判別が重要です。

「マニュアルに頼りすぎるのは危険」で述べたとおり、形式的な基準を挙げてもあまり意味はないですし、かえって危険です。顧客として扱うか、悪質クレーマーとして対応するかの判断は、実際の事案の中でしなければならないのです。

その判断をするためのポイントとなるいくつかの観点があります。

それは、①欠陥・瑕疵《かし》ないし過失の存否、②損害の存否、③欠陥・瑕疵ないし過失と損害の間の相当因果関係、④損害と要求との関連性、⑤クレーマーの行為態様、の5点です。これらを具体的に説明してみます。

(1) クレームの原因に法的根拠はあるか

まず、そもそも、クレームの原因となるべき企業の製品・サービスに問題や落ち度があるのかということです。

法的に簡単に言うと、欠陥とは、製品が通常有すべき安全性を欠いていることであり、瑕疵とは、製品が通常有すべき機能を欠いていることであり、過失とは、損害の発生について注意義務違反があることです。

最近、問題となったガス瞬間湯沸かし器による一酸化炭素中毒事故を例にとって説明しましょう。

ガス瞬間湯沸かし器の不完全燃焼を防ぐ装置が、すぐに故障し作動しなくなるようなものであれば、製品が通常有すべき安全性及び機能を欠いていることになり、製品に欠陥・瑕疵があるということになります。

また、不完全燃焼を防ぐ装置が故障しやすく、その結果、点火しなくなるために、その装置自体を機能させないようにする不正改造が、修理業者によって数多くなされており、そのような不正改造が原因となって、一酸化炭素中毒事故が発生していることを知りながら、企業がこれを防止すべき必要な措置をとっていなければ、事故の発生について企業に注意義務違反があり、過失があるということになるのです。

クレーム対応では、この点の事実確認が最優先事項です。

そして、事実確認の結果、このような欠陥・瑕疵ないし過失がなく、さらに、この点について企業側が十分な説明を顧客にしているにもかかわらず、なお、顧客が執拗に企業に賠償等を求める要求を続けるのであれば、それは不当要求です。

そして、そのような要求を続ける人物は、悪質クレーマーということになります。

(2) 損害は発生しているのか

次に検討すべき点は、顧客に損害が発生しているのか、既に損害が発生しているなら、それはどのような損害かということです。

よく問題となるのが、慰謝料の請求です。

怪我をして入通院を余儀なくされた、後遺障害が残ったというような場合は慰謝料請求ができる典型的なケースです。しかし、ショックを受けた、嫌な思いをしたという程度では通常、慰謝料は発生しないのです。

たとえば、焼肉店で店員の不注意から、炭火の火の粉を飛ばして顧客の洋服に穴をあけてしまったとします。

その顧客にとって、その洋服は自分の一番気に入っているもので、ショックを受けたとしても、その洋服の弁償と別に慰謝料を請求できるわけではありません。法的には、原則として、物的損害については慰謝料請求は認められないのです。

このような場合、店側は、洋服代を弁償したうえ、丁重に謝罪しなければならないと思いますが、慰謝料の支払いについては応ずる必要はありません。

店側が法的に慰謝料請求は認められないことを丁寧に説明してもなお執拗に慰謝料を要求して引き下がらないならば、その人物は、悪質クレーマーということになります。

(3) クレームの原因と損害に因果関係はあるか

企業の製品やサービスに問題があってそれによって顧客が損害を被ったとしても、企業が法的に責任を負うのは、欠陥・瑕疵ないし過失とその損害との間に相当因果関係がある場合です。

因果関係というのは、ある事実があったために、ある結果が発生したという関係ですが、法律上、損害賠償義務を負うのは、その因果関係が相当なもの、すなわち、通常ありうるものでなければなりません。

たとえば、ホテルの宴会場で食中毒を出したとします。

その食中毒によって入院した顧客が、実はその翌日、大きな契約交渉を控えていて、その交渉に赴くことができなかったために契約を締結できず、契約が成立した場合の利益を喪失したとして、この損害の賠償も求めてきたとします。

確かに、食中毒とこの顧客の損害には、ある事実があったために、ある結果が発生したという因果関係はあります。

しかし、ホテルは、医療費や慰謝料のほかに、契約を締結できなかったことについての賠償義務は負いません。それは、食中毒によって通常このような損害の発生を予見することはできないので、相当因果関係がないと判断されるからです。

したがって、ホテル側が、「法的には相当因果関係のない損害ですので、その点についての賠償は致しかねます」ということを丁寧に説明してもなお、このような通常発生すると予見できない損害についてまで、執拗に要求してくるとすれば、その人物は悪質クレーマーということになります。

(4) 損害と要求の関連性はあるか

次に、企業の製品やサービスに問題があって損害が発生し、企業側の落ち度と損害に相当因果関係があったとしても、顧客の要求していることが、その損害の回復と必ずしも関連性がないという場合があります。

よくあるのが、「社長が出てきて謝罪しろ」とか、「新聞紙上に謝罪広告を出せ」という要求です。

企業は、それぞれ、特定の部署が一定の権限を与えられて活動しており、基本的にその部署の責任で顧客に損害を与えた場合、それが会社の方針や指示に基づくものでない限り、その担当部署の長が謝罪すべきであり、それで足ります。

また、新聞記事などの印刷物によって名誉を毀損されたという場合でない限り、公に謝罪広告をする必要はありません。

これらの要求は、損害の回復ではなく、多分に要求する人の自己満足、あるいは、企業に対する制裁の要素が大きいでしょう。

このような要求は基本的に損害の回復と関連性がないので、企業側は受け入れなくてもよいのです。

実際、**悪質クレーマーの要求には、このような損害の回復と関連性のない要求が非常に多い**のです。そして、企業側に落ち度があるような場合、企業の担当者はこのような要求に対して非常に対応に苦慮します。

しかし、損害の回復と関連がない以上、このような要求に執拗にこだわる人物は悪質クレーマーというべきなのです。

（5）クレーマーの行動は適法か

そして、企業側に落ち度があり、それと相当因果関係のある損害について、損害の回復と関連性のある要求をしているとしても、その態様が不法行為や犯罪を構成するような場合は、そのような行為をする人物は悪質クレーマーというべきです。

文書や口頭で賠償の要求をすればよいのに、ことさら、店舗や営業所の前で街宣活動をしたり、ビラまきをしたりすることは、損害賠償請求に名を借りた不法行為、場合によっては業務妨害罪などの犯罪を構成します。

特に、犯罪行為となるような行為態様に関しては、企業の製品やサービスに問題があるからといって甘受するのではなく、刑事告訴や仮処分の申し立てをするなど、毅然と対応すべきです。

なぜなら、そのような行為をする者は、実は、法的な損害賠償以上の利益を求めていることがほとんどだからです。

まずは丁寧に説明することが大切

以上の５つの観点から分析すると、未だ顧客として扱うべきか、悪質クレーマーとして法的な対応をすべきなのか、概《おおむ》ね判断がつくと思います。

ただ、それぞれの項目で繰り返し指摘したとおり、顧客・クレーマーに対して、それぞれの観点から要求に応じられない理由を丁寧に説明することが必要であり、重要なのです。

第3章

悪質クレーマーの4タイプと対応の基本

1　悪質クレーマーにはタイプがあり、タイプ別に対応は異なる

これまで、悪質クレーマーをタイプ別に分けて対応するということは、ほとんど行われてきませんでした。タイプを分けたとしても、金銭を要求するタイプ、不必要な謝罪を要求するタイプなど、不当要求の種類によって分けるだけで、悪質クレーマー自身に着眼して分類されることがなかったように思います。

しかし、これまで様々な業種の企業から悪質クレーマーに関する相談や対応の依頼を受けてきた私の経験によれば、悪質クレーマーには比較的はっきりとしたタイプがあります。そして、**この悪質クレーマーのタイプによって、目的や攻撃性などの特質が全く異なっているのです。**

つまり、この悪質クレーマーの目的や特質を押さえたうえで、対応の基本を考えることによって指針が明確となり、適切に対応できるのです。

考えてみれば当然のことですが、その悪質クレーマーの真の目的が金銭もしくはその他の利益なのか、それとも、自身の存在を認めさせるための自己満足にあるのかでは、対応の基

本は全く異なってくるでしょう。

また、不当要求行為が悪質クレーマーの偏った性格によるものなのか、それとも、精神的な疾患に基づくのかによっても、対応はかなり変えなければなりません。

さらに、要求を拒絶した場合に、企業や従業員に対して攻撃を仕掛けてくる可能性が高いのか、低いのか。また、攻撃を仕掛けてくるとして、どのような攻撃が予想されるのか、ということも押さえておく必要があります。

このように、悪質クレーム対策では、**悪質クレーマーのタイプを知り、そのタイプの特質に応じた対応を考える**ことが非常に重要なのです。

2　悪質クレーマーのタイプ

基本的な対応をタイプ別に考えるという観点から、悪質クレーマーのタイプは４つに分けることができます。

それは、①性格的問題クレーマー、②精神的問題クレーマー、③常習的悪質クレーマー、④反社会的悪質クレーマーです。

(1) 性格的問題クレーマー——反省することなく不当要求を繰り返す

独善的な価値観・思い込みで執拗なクレーム・不当要求を繰り返す習癖のあるクレーマーです。

このタイプのクレーマーは、企業は顧客である自分の要求にはすべて応えるべきだと思っています。ですから、常識的に無理・不当な要求でも当然のことのように執拗に要求してきます。そして、自己の不当な要求について良心の呵責《かしやく》がありません。

また、担当者に対して不当な誹謗中傷等をしたとしても、自己の不当な行為について謝るということをしません。つまり、反省することがないのです。

このタイプと交渉していると、普通の人は非常にストレスを感じます。

「この人は、どうしてこんな常識はずれの要求を平気でできるんだろう。なぜ、こんな常識的なことをわかってくれないんだろう」と困惑するのです。

彼らは、自分の要求を常識はずれの不当要求だとは全く思っていません。

また、自分の独善的な考え方を企業の従業員の説明・説得によって改めるということも絶対にありません。

ですから、いくら丁寧に説明・説得をしても、必ず、平行線、堂々巡りとなります。

担当者によっては、たまらず、言葉を荒げて対応してしまうかもしれません。

そんな展開になれば、彼らの思うつぼです。

「被害者となっているお客様に対して、なんて口の利き方をするんだ。しかるべき責任者を出しなさい。この対応について、責任者の謝罪がない限り、許さん」となり、さらにクレームのネタを与えてしまうことになるのです。

そして、彼らは、こちらが要求拒絶をして無視していると、多くの場合、**迷惑メールやインターネット上の誹謗中傷**などの嫌がらせ行為をしてきます。

ただ、彼らは自己保身、自己防衛の意識が極めて強いため、面会強要や居座り、暴力行為など表だった加害行為をする可能性はほとんどありません。

対応の基本――自己保身には敏感

まず、常識はずれの不当な要求をしてくるクレーマーが、こちらが丁寧に説明・説得をしてもなお、不当な要求を繰り返してくるのであれば、このタイプのクレーマーであると考えるべきです。

そして、彼らの主張や要求に対しては、丁寧な言葉を使って拒絶しつつ、彼らとの交渉は、堂々巡り、平行線で終わることを常に念頭におく必要があります。

あくまで、彼らの考え方を尊重する姿勢を見せながら、こちらの見解を繰り返し説明するのです。

そして、悪意の誹謗中傷や脅迫的言辞、業務妨害的な行為があった時点で、悪質クレーマーとしての対応に切り替え、**要求拒絶・交渉窓口弁護士移管の文書を郵送**するのです。

このタイプの特質で指摘したとおり、彼らは自己防衛意識が強いのです。弁護士が交渉窓口となったことで、彼らは自分が何らかの法的手続の対象となるのではないかと警戒します。

また、このタイプは、「お客様である自分」と「お客様である自分に奉仕すべき企業・従業員」という構図で不当要求を繰り返しています。そこに第三者である弁護士が入ることで彼らは不当要求を続けることができなくなるのです。

(2) 精神的問題クレーマー——心の欠損を埋めるために執着する

言動から、精神的に問題があることが窺《うかが》われるクレーマーです。

このタイプは、精神的に追いつめられている状態にあり、電話などでクレームとも愚痴ともつかない不平を言ってきて、なかなか電話を切らせません。そして、ある時期に集中して頻繁に電話をかけてきます。

ここで、企業の担当者が親切心から感情を込めた対応をすると、必ず心理的に密着してきます。

極端な場合、「今、近くのビルの屋上に来ているが、ここから飛び降りて自殺しようと思う」などという電話をかけてくることもあるのです。

彼らは、表面的には損害賠償や謝罪要求をしていたとしても、その真の目的は担当者との心理的密着によって自分の心の欠損を埋めることなのです。

そして、長期間にわたって、心理的に密着した対応をしていると、企業側が業務に支障があるとして交渉を拒絶したときに、担当者が、傷害などの突発的な加害行為のターゲットとなることがあります。

彼らは、「自分のことを理解してくれていると思ったのに、全部嘘だった。自分を騙していた」と考え、怒り狂うのです。かわいさ余って憎さ百倍というわけです。

対応の基本――突発的な加害行為に要注意

まず、意味不明の言動があったら、それを絶対に見逃さないことです。

たとえば、「あなたの会社は自分のような者を排除しようとしている」とか、「この世は悪に満ちているので、生きる価値がない」という話を電話で延々とするような言動です。

このような言動があったら、できるだけ型どおりの接客・対応をしなければいけません。一時のヒューマニズムや親切心で丁寧に対応すると、彼らは必ず心理的に密着してきます。

たとえ、「今から自殺しようと考えている」などと言われても、決して現場に駆けつけるというような対応はしてはいけません。必ず、同じことを彼らは繰り返すからです。

そして、このような精神的問題クレーマーと思われる人物と担当者が密着しているようであれば、上司は直ちに担当者を替える必要があります。

彼らと心理的に密着してはいけません。できるだけ関係・接触を持たない方向へ持っていくのです。

また、彼らが何らかの加害行為をしてきたときは、躊躇《ちゅうちょ》することなく、警察に通報したり、刑事告訴をすべきです。大きな加害行為を防ぐためにも、軽微な被害のうちに警察権力を介在させることが有効です。

万が一、従業員の生命・身体に重大な被害が発生すれば、そのこと自体、企業の信用を著しく失墜させることになるのです。

(3) 常習的悪質クレーマー――少額の金銭や利益を求める

比較的安価な賠償金や利益を求めたり、理由のない返品をしたり、別の高額の商品を求めるクレーマーです。

このタイプのクレーマーは二つに分かれます。

一つは、意図的にクレームをでっち上げて、製菓会社、製薬会社などに対し、異物混入や品質劣化による体調不良を主張して少額の賠償金を求めるタイプです。

もう一つは、商品を購入したが、もう使わなくなった、壊してしまった、気に入らなくなったなどの理由で返品・返金を要求するタイプです。

いずれも、習慣的にクレームをつけてくるタイプであり、一見、執拗ですが、攻撃性はなく、要求を拒絶しても、企業や担当者に攻撃を仕掛けてくる可能性はほとんどありません。

その一方で、安易に金銭を渡したり、返品に応じていると高い確率で再び現れ、同じような要求をしてきます。

このタイプは、企業の担当者が自分のことを「厄介な人物、面倒な人物」と考え、「きちんと対応するよりも少額の金銭や返品で済むなら」と思ってくれることを狙っているのです。

対応の基本――具体的な事実を根ほり葉ほり聞く

彼らは、少額の金銭や返品を目的としているため、それほど綿密にクレームの原因となる事実関係を考えてきていません。

したがって、クレームの事実関係を根ほり葉ほり、具体的に質問すると非常に嫌がります。レポート用紙に書き留めて、それを再び聞いたり、矛盾点を指摘したりすることが有効です。すると、「そんな面倒なことさせるなら、もういい」となるのです。

それでも引き下がらない場合は、「後日、文書で回答します」と言って、書面での回答に持ち込むことです。

彼らも、自分のしていることが悪い、場合によっては犯罪となりうることは、わかっています。後ろめたい気持ちが、多少はあるのです。

ここに至れば、もはや彼らは不当要求を続けようとはしません。

(4) 反社会的悪質クレーマー——巨額の金銭・利益を得るのが目的

暴力団などの反社会的勢力に属すると思われる人物が、一般人に名を借りて、企業や行政に対して不当要求ないし恐喝を目的としてクレームをつける場合です。

社会正義、社会活動を装って、巨額の金銭や、特に**取引に名を借りた定期的な利益供与を**取得することを目的としています。

したがって、下調べをして、ネタを握ってターゲットを絞り込んできており、多くの場合、**要求を拒絶した場合の報復(街宣や月刊誌のスキャンダル記事掲載)を前もって用意しています。**

対応の基本——決して秘密を共有しない

反社会的悪質クレーマーの不当要求に屈することは、企業イメージ・信用に極めて重大な損害を与える不祥事となります。

総会屋に対する利益供与が発覚して企業の信用を失墜させる事件がかつて相次ぎましたが、反社会的悪質クレーマーの不当要求に屈し、不明朗な金銭を支出したことが発覚することも同様に企業の信用を失墜させるのです。

それは、消費者は、その企業が反社会的勢力と関係を持ったと見るからです。必ず、早期に弁護士を介入させる必要があります。そして、不当要求行為があれば、交渉後、直ちに警告の通知書を弁護士名義で出し、街宣などの攻撃に対しては、素早い仮処分の申し立て、刑事告訴で対応します。

彼らが狙うのは、企業との**「秘密の共有」**です。

すなわち、「一度、自分たちの不当要求を呑んだことを公にされたくないのであれば、要求を呑み続けるしかない」ということを狙っているのです。

したがって、この目的を早期に挫折させることがポイントになります。

弁護士からの警告の通知書は、彼らが最も受け取りたくない文書なのです。なぜなら、それは彼らの秘密の共有の狙いが挫折したことを示すものだからです。

間違っても、自分たちだけで処理しようと思ってはいけません。彼らはそのように仕向けているのです。

当然のことですが、彼らが主張する社会正義、社会活動は隠れ蓑に過ぎません。

ところが、彼らと対応することの恐怖から、この隠れ蓑を事実であるように思い込もうとする心理が働くのです。ここで判断を誤れば、企業の信用を失墜させる不祥事となりますし、従業員である自分も場合によっては、背任などの罪に問われるかもしれないのです。

第4章

顧客を悪質クレーマーに変えるな

悪質クレーマーといえども、反社会的悪質クレーマーや常習的悪質クレーマーのように最初から不当要求の目的をもってクレームをつけてくるタイプばかりではありません。

悪質クレーム事案の中には、企業及び対応に当たった従業員、行政窓口職員の対応が適切でないことによって、顧客を悪質クレーマーに変える、あるいは、潜在的に悪質クレーマーとなりうる人物を顕在的な悪質クレーマーに変えてしまっている事案も多いのです。

以下では、具体的な事例を挙げて検討してみます。

事例1　個人情報の流出から性格的問題クレーマーに

有線放送A社のカスタマーセンターに、中年男性B氏から「4ヶ月前からそちらの有線放送に申し込みをして利用しているが、受信料がいつまでたっても銀行口座引き落としにならずに請求書と振込み用紙が送られてくる。いつになったら口座引き落としが開始されるのか」という問い合わせの電話が入った。

調べてみると、確かに金融機関に対する口座振替依頼の手続がなされておらず、しかも、契約窓口の代理店からA社の担当部署にB氏の口座振替依頼書が送付された形跡もない。

この有線放送会社は大部分の契約を提携代理店を通じて行っており、Ｂ氏は、代理店Ｃ社を経由して申し込みをしていた。

Ｂ氏の契約申込書はファックスでＣ代理店からＡ社に送付され、契約申し込みは処理されているが、どうやら口座振替依頼書がどこかの段階で紛失してしまったようである。

このことをＢ氏に電話で報告したＡ社の担当者が、「調査したところ、当社では、口座振替依頼書を代理店Ｃから送付を受けた記録がありません。ですから、当社の中で紛失したのではないと思います」と言い出したところ、Ｂ氏は、急に態度を豹変させ、「お前の会社は、顧客の重要な個人情報を紛失しておきながら、代理店のせいにするのか。個人情報の重要性が全くわかっていない。もし紛失した俺の口座振替依頼書が悪用されたら、どう責任取るつもりだ。お前では話にならないから、社長に代われ。社長の意見を聞きたい」と声を荒げた。

担当者は、会社としての対応を検討しますと言って電話を切り、社内で検討したが、「口座振替依頼書がどこかの段階で紛失したことについては謝罪し、口座振替依頼書の紛失が原因で実損害が発生した場合は賠償するが、口座振替依頼書を紛失したのはうちの会社ではないという前提で対応せよ」ということになった。

この結果をＢ氏に伝えたところ、「この期に及んでまだ代理店のせいにするのか。社長に会わせろ。俺が、きっちり個人情報の重要性について教えてやる。その後に社長自身の謝罪がない限り、絶対許さない」と怒鳴って、とりつく島がない。

この後、何度も、A社は、担当者を通じてB氏と日程調整をし、面談して謝罪し、「損害が発生した場合、A社で賠償する」旨を申し出たが、B氏は、「社長の謝罪がなければ許さない。個人情報の重要性に対する認識が足りない」と言って態度を変えず、ついには、受信料の支払いもしなくなり、「口座引き落としでなければ支払わない。口座振替依頼書は既に提出してある。何で、お前のところのミスで、わざわざ、俺がコンビニや銀行に行かなきゃならないんだ」と言って、再度の口座振替依頼書の提出も拒絶した。

さらに、B氏は、A社の担当者に「社長の電話番号を教えろ。俺が直接話す」「お前みたいな馬鹿ではだめだ。もっと優秀な幹部社員と交渉させろ」「外資系の企業なら、相当な金銭で素早く解決をつける」との趣旨のメールをA社の担当者宛に送り続け、「今回の慰謝料として100万円払え。俺に払わなくてもいい。どこかの慈善団体に100万円寄付しろ。その領収書を持ってくれば、許してやる」と要求してきた。

ここにきてA社は、顧問弁護士事務所に交渉を依頼することにし、その旨をB氏にメールで連絡したうえ、その事務所の弁護士からB氏に電話をかけてもらった。

ところが、その弁護士は交渉経緯をよく把握しないまま電話したためか、B氏に「事情もよくわかってないくせに電話をかけてくるな」と一蹴されたうえ、A社の担当者もB氏から「事情のわかっていない弁護士と交渉するつもりはない」と言われ、結局、A社の担当者は、再びB氏との交渉を続けることになった。

しかし、交渉は、A社からは、①口座振替依頼書の紛失については、担当部署の名義で謝罪文を出す、②B氏に実損が出たら賠償する、旨を申し出るが、B氏からは、①社長からの直接の謝罪、②100万円の慈善団体への支払いと領収書の提出、を要求され、平行線のまま、B氏の最初のクレームから2年半が経過した。

A社も、このような交渉に関係部署が2年以上煩《わずら》わされていること、受信料の不払いが続いていることから、やむなく、顧問弁護士事務所ではない別の弁護士に相談した。

A社の担当者は、その弁護士から、①口座振替依頼書紛失の責任の問題と受信料未払いの問題を切り離して対応すること、②口座振替依頼書紛失に関する賠償、その他の要求については、紛失に関するA社の責任を認めたうえで、B氏の要求は拒絶し、弁護士が交渉窓口になると郵便で通知すること、③別便で未払い受信料を支払わなければサービスは停止することを書面で通知すること、のアドバイスを受け、社内で検討した結果、そのとおりに実行することとなった。

すると、B氏は、その弁護士に連絡することなく、未払い受信料金をA社の社長受取限定の郵便局留め現金書留で送付したうえ、「お前の会社がどのように対応するか、お手並み拝見だ」というメールをA社の担当者に送ってきた。

その受取人限定現金書留郵便は、A社の社長が自ら指定された郵便局に行かなければ受け取れないものであった。

溜飲を下げるのがクレームの目的

B氏は、タイプ別にいえば、性格的問題クレーマーといえると思います。

結論から言うと、A社がB氏に対して、実害が発生した場合は賠償する旨を申し出て、再度の口座振替依頼書の提出を求めたのに、B氏がこれに応ずることなく、社長の謝罪及び100万円の慰謝料を求めた時点で、顧客として対応すべきではなく、法的対応をすべきです。

前述したとおり、このタイプのクレーマーは企業の担当者が合理的な説明・説得をしても、納得することはなく、交渉は平行線となります。

この事例でいえば、たとえ、口座振替依頼書の紛失によって口座引き落としが遅れたとしても、企業側が謝罪のうえ、もし万が一、口座振替依頼書が悪用されて実損害が発生した場合は賠償すると約束してもらえば、普通の人はそれで納得し、再度、口座振替依頼書を提出するでしょう。

ところが、Ｂ氏は、それでは納得せず、社長の謝罪や１００万円の慈善団体に対する寄付を求めたうえ、受信料の支払いをせず、再度の口座振替依頼書の提出も拒絶しています。

性格的問題クレーマーは、企業側に落ち度がある場合、自分の不満や不便を企業によってすべて解消するのでなければ、絶対に納得しません。

このタイプのクレーマーはたとえ金銭の要求をしていても、実は、それが真の目的ではありません。あくまで、自分を怒らせた企業が困惑し、金銭・労力を使い、痛手を受け、それによって自分が溜飲を下げる、あるいは、自分の有能感を感じることが目的なのです。

このことは、この事例のＢ氏のように、慰謝料の支払いを自分に対してではなく、慈善団体にせよという要求に顕著に見ることができます。

このように、性格的問題クレーマーの頭の中に経済的な損得勘定はありません。

ですから、自分が納得するまで何年でも企業と交渉を続けようとするし、自分の要求が合理的かどうかということを省みることもないため、合理的な説明・説得を受けても納得しないのです。

しかし、このような性格的問題クレーマーも企業側に落ち度があったときに必ず不当要求をするわけではありません。それでは、彼らも、まともな日常生活を送れないでしょう。

性格的問題クレーマーが顕在化するのは、やはり、彼らを怒らす何らかの原因がある場合が多いのです。つまり、A社は、B氏を性格的問題クレーマーにしてしまったのです。

何が原因でしょうか。

それは、「自社は紛失していない」という意味のない責任逃れをしようとしたからです。

意味のない弁解・言い逃れはしない

この事例では、A社が「口座振替依頼書を紛失したのは自分の会社ではない」ということにこだわったことで、B氏の怒りに火をつけています。

実は、この事例において、このような言い訳をすることに全く意味はないのです。

というのは、A社にとって、代理店C社は、A社の契約事務を代行する存在です。このように委託を受けてある会社の事務を行う場合、委託を受けた会社は、委託をした会社の「履行補助者」となります。法的には、履行補助者の過失は本人の過失とみなされるのです。

すなわち、代理店Cが紛失したのだとしても、A社に過失があったものとみなされ、A社が責任を負わなければならないのです。

ですから、口座振替依頼書を紛失したのは自分の会社ではないとこだわることには全く意味がないのです。

ところが、このような意味のない、体面上の弁解や言い逃れをしてしまう企業や企業の担当者、行政や行政の窓口職員は非常に多いのです。それは、企業や行政の内部に「ミスはできるだけ認めるな」という習性が染みついているからでしょう。

最近、マスコミをにぎわす企業不祥事においても、無意味、あるいは、誰が聞いても不自然な言い訳をする企業経営者が目につきます。

製品の欠陥による重大な死傷事故を起こしていた事実が発覚した際に「重要な情報が現場で止まって、報告を受けていなかった」であるとか、期限切れの原材料を長年使用していたことが発覚した際に「工場の従業員の判断で行っていた」というような言い訳です。

性格的問題クレーマーは、このような企業の体面上から出てくる言い訳には必ず食いついてきます。

前述したとおり、悪質クレーマーが増加している背景には、企業不祥事があります。

このような意味のない言い逃れは、クレーマーに企業不祥事を連想させ、彼らのエネルギーを爆発させるのです。

この事例では、口座振替依頼書を紛失したのは、A社か代理店C社のいずれかなのですから、A社はB氏に、「調査の結果、弊社、代理店のいずれで紛失したのか明らかになりませんでしたが、いずれにしても弊社の責任ですので、謝罪させていただきます。もし、紛失が原因で実害が発生した場合は、法的な責任は弊社が負います」と端的に回答すべきであったのです。

性格的問題クレーマーに対する法的対応

このように企業側の対応のまずさによって、B氏は性格的問題クレーマーとなったわけですが、B氏の要求が不当要求であることに変わりはありません。

「A社がB氏に対して、実害が発生した場合は賠償する旨を申し出て、再度の口座振替依頼書の提出を求めたのに、B氏はこれに応ずることなく、社長の謝罪及び100万円の慰謝料を求めた時点で、顧客として対応すべきではなく、法的対応をすべき」と述べました。

確かに、口座振替依頼書の紛失は、既に述べたとおり、A社の責任というべきですが、社長が直接謝罪すべき問題ではありません。

社長による謝罪を求めるクレーマーが多くいますが、これらは、第2章で指摘したとおり、損害と関連性のない不当要求です。

企業は、それぞれ、特定の部署が一定の権限を与えられて活動しています。

ですから、本来的にその部署の行為によって顧客に損害を与えたのであれば、その損害が会社の命令や方針・姿勢に基づくものであるか、あるいは、顧客の生命・身体に損害や危険を発生させたりした場合でなければ、会社の代表者が直接謝罪する必要はありません。個々の行政窓口の不始末を、行政の長である内閣総理大臣や知事が直接謝罪する必要がないのと同じです。

その担当部署の責任者が謝罪すべきであり、かつ、それで足りるのです。

性格的問題クレーマーの不当要求は、自己の存在を誇示し、有能感を得るのが目的です。だからこそ、謝罪の対象が目先の担当者やその上司では、彼らの気が収まらないのです。

真の顧客へのサービスとは、顧客のいびつな欲求を満足させることではないはずです。

このような不当要求に対しては、いくら企業側に落ち度があったとしても、要求を受け入れるべきではないし、社長が謝罪する、しないの交渉すらすべきではありません。

「本件は、会社の基本方針に基づいてかけたご迷惑ではなく、○○係のミスですので、担当部署の責任者が謝罪させていただきます」と丁寧に説明すればよいのです。

また、「慈善団体に100万円寄付しろ」などという要求にいたっては、損害との関連性がないことはもちろんですし、この要求が、たとえば、「そうしなければ、口座振替依頼書の紛失の事実をインターネット上で公開する」などの脅迫を伴ってなされたなら、強要罪という刑法上の犯罪すら構成します。

確かに口座振替依頼書を紛失したこと自体で、たとえ実害が発生していなくとも、B氏はA社に対して相応の慰謝料を請求することができます。

しかし、100万円という金額は常軌を逸した過剰請求です。

このような不当要求を受け続けているにもかかわらず、法的対応をとらずに長期にわたり交渉を続けることは企業の大切な人的資源をみすみす捨てているに等しいのではないでしょうか。

交渉の拒絶と窓口を弁護士に移す

この事例の場合、二番目に相談を受けた弁護士の助言どおりの対応を当初からすべきであったのです。

すなわち、口座振替依頼書紛失に関する賠償、その他の要求については、紛失に関する有線放送A社の責任を認めたうえで、中年男性B氏の要求は拒絶し、弁護士が交渉窓口になる旨を郵便で通知する。つまり交渉拒絶・交渉窓口弁護士移管通知を出すのです。

第3章で指摘したとおり、性格的問題クレーマーは、このような通知を受け取ると弁護士とは交渉しません。

なぜなら、彼らは、顧客対企業という優位な立場を利用して不当要求を仕掛けているからです。そして、当然、彼らも法的には自己の要求が通らないことはわかっているので、弁護士と交渉すれば、引き下がらざるを得ず、自己の有能感が傷つくことになるからです。

また、彼らは、弁護士が介入することによって、自分に何らかの法的手続をとられることを非常に警戒します。

したがって、彼らによる企業に対する不当要求行為は、交渉窓口弁護士移管の通知を出すことでほぼ確実に収束します。

本書末にこの場合の文書例を掲げてありますので、ご参照ください。

通知を出すときの郵便の注意点

ここで、このような交渉拒絶・交渉窓口弁護士移管の通知を出す際に、注意すべきことが3点あります。

まず、①**必ず、書面で郵送すること、すなわち、メールなどで通知しないということ**です。

なぜかというと、メールというのは極めて、返答しやすい連絡手段だからです。

メールの返信をしたことがある人なら誰でもわかると思いますが、着信したメールを開いて、「返信」をクリックし、そのまま返事を書いて「送信」すればよいだけです。

これでは、悪質クレーマーとの交渉を打ち切ることはできません。

ところが、郵送で書面を受け取ると不思議なもので、書面で郵送して返答しなければならないと考えてしまうものです。しかし、書面を作成して投函するというのは、メールを返送するのと比較してはるかにハードルが高い作業です。

単純なことですが、このようなことで、彼らが以後の不当要求を断念するという要素もあるのです。

次に、②**配達証明付き内容証明郵便で出すことにこだわらず、普通郵便で出すということ**

です。

なぜかというと、彼らは警戒心が強いため、内容証明郵便や配達証明付き郵便は警戒して受け取らない可能性があるからです。

交渉拒絶・交渉窓口弁護士移管の通知は、彼らが受け取ってその内容を読まなければ意味がありません。一方、配達証明付き内容証明郵便は、自分がその文書を相手方に発送し、その書面を相手方が受領したことを立証することに目的があるのです。

交渉拒絶・交渉窓口弁護士移管の通知は、それを出したことや相手方が受領したことを後日、裁判で立証するというためのものではないのですから、普通郵便で出した方がよいのです。

そして、**③その通知文の中に彼らの不当要求行為を具体的に書くこと**です。

なぜかというと、単に「不当要求をされましたので、交渉できません」と書いただけだと、彼らがこのような通知文をネット上で公開し、「A社は、口座振替依頼書を紛失したのに、私がその責任を追及すると、一方的にこのような手紙を送りつけ、弁護士に交渉しろと言って、交渉を拒絶した」などと書かれてしまうからです。

しかし、この事例でいえば、「慈善団体に１００万円寄付しろ」という要求をされたことを書いておけば、たとえ、この通知文がネット上に掲示されたとしても、B氏の方がおかしいという評価を受けることは明らかです。

また、このようにすれば、B氏がこの通知文をネット上で掲示することもないでしょう。

弁護士との連携の重要性

この事例では、A社は、一度、顧問の弁護士事務所に交渉を依頼しています。しかし、交渉窓口を弁護士にして、B氏の不当要求を拒絶することに失敗しています。

このように、弁護士に依頼しながら、悪質クレーマーの不当要求行為を収束できなかった失敗例をよく聞きます。

私が考えるに、原因は3つあると思います。

まず、①悪質クレーム対応に慣れていない弁護士が多く、どのように対応し、どのように持っていくか、あらかじめ構想を描けないまま対応してしまうことです。

次に、②クレーム対応は、厄介な割に報酬を見込めないため、弁護士にやる気がなく、事実関係をよく把握しないまま対応することが多いことです。

そして、③企業側も、弁護士に十分な説明や相談をしないまま、交渉を一任し、その後のフォローをしないということです。
①は、第１章で指摘したとおり、これまでクレーム対応を弁護士が担当することが少なかったことによるものと思われます。
今後、企業側が悪質クレーム事案について積極的に弁護士に相談し、連携して対応していくという習慣をつけることによって弁護士も経験を積み、悪質クレーマーをタイプ別に分けて対応するなど、対処法を確立してうまく対応できるようになるでしょう。
②は、今後、司法試験合格者の大幅増員によって弁護士の人数が爆発的に増えることで解決されるでしょう。特に大都市では既に弁護士過剰の状態となっているのです。弁護士も悪質クレーム対策に乗り出さないと、顧問先を確保できなくなるという現実を受け入れる必要があるでしょう。
③については、企業側の問題ですが、悪質クレーム対策は、弁護士が仮処分のような裁判手続きをとるような場合を除いて、主として対応するのは弁護士ではなく企業側だという前提で、弁護士と連携する必要があるということです。
経験的に言えば、交渉拒絶・交渉窓口弁護士移管の通知を出せば、悪質クレームのほぼ１００パーセントが収束します。したがって、弁護士が担当する部分というのは、主として相

談を通じて、方向性を決め、アドバイスするくらいなのです。通知文の作成、発送、弁護士に対する連絡等は企業側で行います。

このような前提で弁護士と連携すれば、膨大な弁護士費用をかけなくとも、有効な悪質クレーム対策がとれるのです。

そして、私は**企業や行政が悪質クレーマーとの関係を断ち、従業員や職員を守るためには、弁護士と連携をとる仕組みを築くことが最も効果的**であると思っています。

なぜなら、顧客として対応するか、悪質クレーマーとして法的対応をするかは、第三者である弁護士の判断を参考とすることで自信を持った判断ができ、対応に迷うことが少なくなるからです。

また、顧客主義の建前につけ込んでくる悪質クレーマーも、第三者である弁護士に対しては、その建前が通用しません。そして、法律の専門家に相談できるということは、それだけで企業の担当者のストレスを軽減させるのではないでしょうか。

「社長宛」は受け取り拒否で問題なし

この事例では、B氏は、未払い受信料を受取人限定局留め現金書留郵便にて送付して、A

社の社長本人が郵便局に行かなければ受け取れないような方法で支払いをしようとしています。

まさに、これは、嫌がらせ以外の何ものでもなく、彼が性格的問題クレーマーであることを示すものですが、これは断末魔の行為でしかありません。

受領しなければいいのです。

二番目の弁護士が、口座振替依頼書の紛失の問題と受信料不払いの問題を分けて対応すべきであると助言した狙いはここにあります。

この場合、通常の受信料の未払いの場合と同じに扱えばよいのです。

有線放送受信料などの極めて多数の入金を受領する会社は、必ず約款で料金の支払い方法を指定しています。この指定が顧客の支払い方法を不当に制約するものでない限り、この約款を前提に加入者は契約をしているとみなされます。したがって、社長しか受け取れないような受取人限定局留め現金書留郵便のような支払いは、受領を拒絶しても法的には全く問題ありません。そして、B氏には、このような支払いは約款上受け付けられない旨の通知を出せばよいのです。

第5章 悪質クレーマーの術中にはまるな

企業の担当者の悪質クレーム対応を見ていると、「これは悪質クレーマーの術中にはまっているな」と思うことがよくあります。

多くの場合、それは、企業側に、クレーマーの要求が不当要求か否かを判断する手順が確立されておらず、不用意な行為をしてしまうことによって、悪質クレーマーのペースに乗せられていくことが原因です。

事例2　リコール対象商品に関する賠償要求

調理器具メーカーA社のお客様相談室に、中年男性B氏から、同社の圧力鍋を使用中に蓋が突然飛んで、中身が飛び出し、家族が火傷を負ったり、家財やフローリングが傷ついたというクレームが寄せられた。

A社の担当者がB氏宅に赴いて話を聞くと、この圧力鍋は、約2年前に友人から改築祝いに贈られた品物で、使用して1ヶ月で蓋が飛び、中の料理がこぼれ、B氏の妻が火傷を負ったという。

その後もほぼ月に2回の頻度で蓋が飛び、その都度、キッチン、フローリングなどの建具やカーテン、電化製品などの家財が損傷したうえ、調理した料理を食べられなくなり、外食せざるを得なかったと主張し、約2年にわたる、計36回の蓋の飛びはね事故による損害の賠償を請求している。

そのうち3回は、B氏の妻、B氏自身、息子が火傷を負ったという。

その製品は、３ヶ月前に同型製品の一部に使用中に蓋が外れ、飛びはねる欠陥が発見されたため、A社は、製品回収、無料交換の新聞広告を行っていた。

担当者が現地を見聞したところ、家財やフローリングの損傷は通常の使用でも見られる軽微なものであり、B氏の火傷は、ひじの裏側に直径1センチほどあるが、約1年前の火傷にしては、未だに生々しい瘡蓋《かさぶた》が残っていた。

B氏は、既にリフォーム業者から家財、建具の修繕費用の見積もりを取っており、それを担当者に渡したが、その合計額は１５０万円近くに上っていた。

担当者は、B氏が終始、穏やかな口調で話をしていたことと、問題の製品がリコール対象製品であったこともあって、蓋の飛びはね事故があって火傷まで負ったのにどうして使用を中止しなかったのかと疑問に思ったものの、強くは質問できず、「社に帰って検討しますので、後ほど連絡します」と言って、とりあえず、製品を交換し、現物を持ち帰ることにした。

調査の結果、確かに回収した圧力鍋には、蓋が外れやすくなる欠陥が現れていた。

しかし、担当者は、蓋が飛びはね、火傷を負ったのに、その後も使用を継続し、2年にわたり、36回も蓋の飛びはね事故を起こすまで使用を継続したのはどう考えてもおかしいし、小さな傷しかついていない家財や建具に150万円もの修繕費用を会社が賠償するのは行き過ぎだと考えた。

そこで、B氏に対し、A社が契約しているPL損害保険会社の査定員を伴って、今度お伺いしますと返答した。

担当者が査定員を伴ってB氏宅を訪問すると、B氏は、計36回の蓋の飛びはね事故のそれぞれについて、その年月日、調理していた料理、それをこぼしたことでかかった外食費用などの一覧表を担当者に渡し、この外食費用合計と火傷の治療費及び慰謝料も支払ってほしいと要求した。

担当者は、予期しなかった請求を受けたことと、その一覧表があまりに具体的なので、これについても、「持ち帰って検討します」と返答し、とりあえず、査定員に査定をさせた。

実は、担当者は、家財や建具の損傷はほとんど日常の使用で見られるものなので、保険会社に査定をさせれば、数万円にしかならないだろうと考え、その金額で示談にしようと思っていたのである。

ところが、後日、保険会社から届いたＢ氏宅の損害の査定金額は60万円を超えるものであった。

担当者は驚いて、査定員に電話をしたところ、査定員に「傷があると判断したものには、修理費用を算定せざるを得ませんよ。修理できないものは全損として時価評価しました。査定金額を出すとすれば、これくらいの金額になります。リコール対象商品なんですから、このくらい払ったらいいかがですか」と言われてしまった。

数日後からＢ氏は、担当者にしつこく電話をかけてきて、「査定の結果はどうなったのか」と聞いてくる。

担当者はここにきて、自社の顧問弁護士に相談したところ、その弁護士は、「まず、そもそも圧力鍋の蓋の飛びはね事故にあって、火傷までしたのだから、相当の恐怖を感じたはずである。それにもかかわらず、その後も使用を続け、36回も飛びはね事故による損害を被ったということ自体信用できない。また、家財、建具などの損傷は通常の使用でつく程度の傷であり、これを損害と主張することも明らかに不当要求である。36回分の外食費などは、そのような細かいことを記録している自体、不自然であり、到底信用できない。リコール対象商品であり、欠陥が現れていることは間違いないので、最初の事故も存在しないとはいえないが、それ以降の事故については、事実とは認められないとして交渉すべきである。そして、このような見解を文書にして相手方に送付し、今後の交渉窓口は弁護士に移管すべきである」と助言した。

そこで、担当者は、弁護士の助言どおり、交渉窓口弁護士移管の通知をB氏に出したところ、早速B氏から弁護士に電話があった。

B氏は、「被害者の言うことを信じないんですか。被害者は泣き寝入りですか」と、しつこく弁護士に食い下がったが、弁護士が担当者に説明したのと同じ理由を指摘し、「初回の事故はともかく、それ以降の事故については、あなたの主張は客観的に真実とは到底信用できないし、裁判でも真実とは認定されないでしょう」と告げると、B氏は、「だったら、どのくらい払ってもらえるんですか」と言い出した。

弁護士が、あらかじめA社との間で相談した見舞金6万円を提示したところ、B氏は、渋々これを承諾した。その後、A社はB氏と示談書を取り交わし、見舞金を支払った。

リコールの度に現れる常習的悪質クレーマー

断言はできませんが、B氏は、おそらく常習的悪質クレーマーです。

第3章で、このタイプは、少額の金銭や返品を目的としているため、それほど綿密にクレームの原因となる事実関係を考えてきていないと指摘しました。

しかし、このタイプも、ある程度準備して、まとまった金銭を要求する場合があります。

それは、リコール対象となった商品を偶然、自分が使用していたような場合です。彼らにとってこのようなチャンスのときに何の請求もしないでおくということは、絶対に耐えられません。

彼らは、リコール対象商品による損害であれば、メーカーなどが加入しているPL保険で支払われることを知っています。そして、彼らは、損害の明細、すなわち、損害算定資料を揃えれば、賠償を受けられる場合があるということも知っているのです。

したがって、彼らは、この事例のように、損害の算定資料を準備し、到底信じられないような損害の主張をしてくることがあるのです。

損害の査定は事実を確認してから

この事例では、A社の顧問弁護士が指摘するとおり、そもそも、圧力鍋の蓋の飛びはね事故にあって、火傷までしたのだとすれば、相当の恐怖を感じたはずです。それにもかかわらず、その後も使用を続け、36回も飛びはね事故による損害を被ったということ自体、客観的に見て到底信用できません。

また、家財などの損傷は通常の使用でつく程度の傷であり、これを損害と主張していることも明らかに不当要求です。

36回分の外食費の請求に至っては、そのような細かいことを記録していること自体、不自然であり、まさに、B氏が架空の損害を主張していることを裏付けています。

たとえ、クレームの原因がリコール対象商品であり、欠陥が現れていることは間違いないとしても、このように客観的に見て、クレーマーの被害申告が信用できない場合は、絶対に次の段階、すなわち、損害の査定などの賠償責任を前提とした段階に進んではいけません。

確かに、この事例では、リコール対象商品であり、回収した現物に欠陥が現れているので、最初の事故も存在しなかったとまではいえません。しかし、それ以降の事故については、事実とは認められないとして交渉すべきなのです。

リコール対象商品こそ被害事実をしっかり確認

クレームの原因がリコール対象商品の場合、クレーマーが申告する被害が本当に発生したのかという事実確認を特にしっかりする必要があります。

というのは、**製品の欠陥による回収・交換の新聞広告が出ると、必ず、架空の被害を申告して金銭を得ようとする悪質クレーマーが出てくる**からです。

この点、リコールを招いたという負い目が企業側の担当者にあるため、事実確認について腰が引けがちです。そこに常習的悪質クレーマーはつけ込んでくるのです。

この事例でも、蓋の飛びはね事故にあって火傷までしたのだとすれば、相当の恐怖を感じたはずであるにもかかわらず、その後も使用を続け、36回も飛びはね事故による損害を被ったということに担当者自身、疑問を感じつつも、この点について追及していません。

これは、クレーム処理一般にいえる鉄則ですが、**事実確認が済むまで（調べを尽くしても事実かどうかの判断がつかない場合も含む）、次のステップ、たとえば、損害の査定や賠償額の提示に進んではならない**のです。

それを行えば、自然と、**申告された被害があったという前提で交渉が進んでしまう**からです。

この事例の場合、A社の担当者は、B氏から見積書を示され、それを受け取って「持ち帰って検討します」と返答してしまっています。

この時点では事実確認も済んでおらず、しかも、客観的に見てB氏の被害申告自体、不自然なのですから、見積書など絶対に受け取ってはならないのです。

リコール対象商品であるということと、被害申告が真実かどうかは全く別問題です。

「まだ、事実確認が済んでおりませんので、今の段階では検討できません」と言って見積書の受領を拒むべきだったのです。

この事例では、逆に担当者の方から損害の査定を申し出ており、完全にB氏のペースにはまってしまっています。

すかさず、B氏は、外食費の一覧表まで用意し、併せて請求しています。「建具、家財の損害を査定するなら、これらも、資料を揃えたから査定してくれ」ということなのです。

B氏が巧妙なのは、あらかじめ、一覧表にしておきますと伝えずに、担当者が来訪した時点で出したということです。あらかじめ担当者に伝えておくと、担当者に考える時間を与えてしまい、「それは受け取れません」と対応される可能性が高いと考えたのでしょう。

「保険で処理すればいい」とは絶対に考えない

クレーム処理をする担当者には、この事例のように損害保険がかけられている場合、安易に「保険で処理すればいい」と考えて、型どおりの事実確認で済まそうとする人がいます。自社の懐は痛まないからということでしょう。

しかし、このような考えによる処理は絶対にしてはいけません。それは、このような考えによる処理では、今後もその企業が悪質クレーマーのいいカモになっていくからというだけではないのです。人間の思考というのは、常に安易な方向に習慣がつきやすいものです。

一度このような考えで処理すれば、必ず、習慣化します。そして、そのような処理は、その人一人で済みません。同僚もそのような処理の「ゆるい雰囲気」の影響を受けます。

さらには、後任者はそのまま、そのような処理を踏襲していくでしょう。

「どうせ他人の金で処理される」という考えはその企業の文化を腐らせていきます。

悪質クレーム対応の巧拙は、従業員の志気、ひいてはその企業の文化に影響を与えてしまうのです。

事実の確認に迷ったら第三者の弁護士の見解を

この事例のようにクレーマーの事実申告が疑わしい、あるいは、事実確認の判断がつかないという場合は、必ず、弁護士に相談して弁護士の見解を求めるべきです。

なぜなら、**このような場合の判断基準は、裁判所ならどう事実認定するか**ということであり、この点の判断については、訴訟経験のある弁護士が最も信頼できるからです。

担当者は、クレーマーと現に交渉しているため、その印象の影響を受けやすいのです。

たとえば、「物腰が柔らかかった」などという印象があれば、どうしても、被害申告は真実であるという方向に判断が傾きがちです（その逆もありえます）。

そして、企業の従業員である以上、当事者であるため、たとえば、この事例のようにクレームの原因がリコール対象商品であれば判断が萎縮してしまうこともあるでしょう。

この点、弁護士であれば、社外の第三者ですので、たとえリコール対象商品でも萎縮することなく、客観的な判断ができるのです。

申告被害に不自然な点はないか

損害の賠償を請求されているクレーム事案において、賠償請求している人物が果たして本当に被害にあったのか、明確な物的証拠がない場合も多いと思います。

このような場合、明確な証拠がないからといって、一切賠償に応じないという対応は適切ではありません。本当に被害にあった顧客からすれば、まさに泣き寝入りであり、今後その企業の顧客には絶対ならないでしょう。

このような場合、「申告被害事実に不自然な点がないか」ということが重要な判断基準となります。

実は、現実の裁判でもこの点が重要な判断ポイントとなるのです。

判決文の理由によく「原告は、この点に付き、……と主張するが、……の点で極めて不自然であり、到底このような主張を信ずることはできない」という表現がありますが、まさに、裁判でも、事実主張の不自然性を根拠に真実ではないと認定しているのです。


「顧客を信用しないのか」と言われたらこう切り返す

悪質クレーマーは、このような主張自体の不自然性を理由に賠償請求を拒絶すると「顧客の言っていることを嘘だというのか。お前の会社は顧客を信用しないのか」と文句をつけてきます。

しかし、このような文句に付き合って論争する必要はありません。

「私どもは、お客様を信用していないのではありませんし、嘘をついているという視点でも見ておりません。お客様の被害申告を先入観なく拝聴致しましたが、そこに不自然なものがあり、それについて、私どもが合理的な説明を求めても、お客様がそれをなされなければ、客観的に見て、そのような被害申告事実を前提で賠償することはできないということです」と切り返せばよいのです。

そして、堂々巡りとなったら、この事例のように交渉窓口を弁護士に移管すべきです。

弁護士はこのような文句に付き合わないし、悪質クレーマーも弁護士をこのような論法で言い負かせるなどとはさすがに考えないでしょう。

本書末に資料としてこの場合の文例を載せてありますので、ご参照ください。

少額の迷惑料でも示談書は必ず取り交わす

この事案では、A社の顧問弁護士は6万円の迷惑料の提示を申し出て、B氏との間で示談書を取り交わしています。

このような相手方の賠償請求よりも極めて少ない、妥当な賠償金で示談した場合でも、必ず示談書を取り交わしておく必要があります。

なぜなら、同じ件で、この損害については申告していなかったなどと言って、再び請求を受ける可能性があるからです。

特にこの事例のように、申告被害事実が不自然である場合、常習的悪質クレーマーである可能性が高いので、少額で片づいたと安心して、領収書などで済ませるようなことはしてはいけません。

迷惑料を払って示談にするなら、これですべて終わりという証拠を残しておく必要があるのです。示談書は簡単なものでもかまいませんが、必ず「本件について今後一切の請求をしない」という条項を入れることがポイントです。

迷惑料の支払いによる適正な解決

この事案では、A社はB氏に対し、6万円の迷惑料を支払っています。

あるいは、このような不自然な賠償要求をしてくる人物には、迷惑料等一切支払うべきでないと考える方もいるかもしれません。

しかし、論理的に考えても、不自然なのは、蓋の飛びはね事故によって火傷を被ってから以降の使用による事故に関してです。最初の事故の発生まで否定できる要素はありません。

仮に、一切の要求を拒絶して、B氏から裁判を起こされた場合、裁判所が初回の損害については真実であったと認定する可能性は十分あるのです。

だとすれば、相当な金額（実際の治療費、慰謝料を概算した金額）で示談にすることは、リコール対象商品が原因であったこと、事件を早期に終結させるというメリットを考えると、適正な解決であると思います。

第6章

クレーマーに言質・念書を取られるな

念書を取られたら簡単には効力を否定できない

強引なクレーマーに、交渉担当者が、「誠意をもって、すべての損害を賠償させていただきます」といった賠償約束の念書を取られて、その後の交渉が窮地に陥ってしまうということは、実は、よくあります。

やくざに取り囲まれて脅《おど》されて書かされたというのならともかく、いい大人が一般人に問いつめられただけで念書を書くなんてことはまずないだろうと思われる方も多いかもしれません。

しかし、実際に私が相談を受けた案件に、男性2人が、4人の中年女性に長時間、問いつめられて、「全損害を賠償します」という内容の念書を書かされた事案がありました。

書いた本人は長時間拘束されて、やむなく書いたのであり、本心から書いたものではないから、後で念書の効力を覆せると思っていたのかもしれません。

これは、えん罪事件で、きつい取り調べから解放されたくて、自白をしてしまった被告人の心理に似ています。

しかし、実は、このような念書は、法的な根拠がある場合は効力を否定できますが、法的な根拠がなければ簡単には効力を否定できず、その後の交渉は相当不利になります。

このような念書をクレーマーに取られないようにするには、どういうことに気をつけなければならないのでしょうか。

そして、念書を書いてしまったら、法的な根拠がない限り、その効力を否定することはできないのでしょうか。

事例3　「すべての損害を賠償します」と念書を書いてしまった

化粧品メーカーA社のお客様相談室の従業員が、女性顧客から寄せられた化粧品の使用方法に関する問い合わせの手紙を見て、その女性に強い好意を持ってしまい、手紙に書かれた住所をメモして、退社帰宅後、夜間にその女性のマンションを訪ね、女性宅のベランダから入り込もうとしたところを女性に発見・通報され、住居侵入で逮捕された。

化粧品メーカー勤務の男性社員が業務で知った女性の住所をきっかけに起こした犯罪ということで週刊誌に報道され、広く知られるようになった。

このため、A社では、この女性に会社として謝罪をする必要があると考え、逮捕された従業員の直属の上司である、お客様相談室の室長を女性宅にお詫びに赴かせた。

室長は女性に連絡を取って、退社後、女性宅を訪ねた。

すると、女性の父親が対応に出て、室長が挨拶とお詫びの言葉を述べてお詫びの品を渡そうとしたところ、「とにかくあがれ」と言う。そこで、室長はとりあえず、室内に入った。

女性の父親は、「娘は事件による心的外傷で、会社を休職しており、おそらく退職することになると思う。大学を優秀な成績で卒業し、嘱望されて入社した会社を退社することは娘にとって耐え難いことだろう。このマンションも事件を思い出すので、もう住めないと言っている。お前の会社は、化粧品メーカーだろう。女性に支えられている企業じゃないか。その従業員が女性の人生を台無しにするとはどういうことだ。今回の件について、お前の会社は化粧品メーカーとしてどのように対応する意向なのか。まさか、見舞いの菓子折だけで済ますつもりじゃないだろうな」と問いつめてきた。

このような話の展開になることを予期していなかった室長は、あわてて、「会社として、どのような対応をとれるか検討してみます」と答えたところ、女性の父親は激怒し、「まず素直に会社として、正式に責任を認めて謝罪するのが常識だろう。何でそんなことができないんだ。女に食わせてもらっておいて、その女の人生を台無しにして、会社として正式な謝罪もないのか。とんでもない不誠実な会社だ。お前が会社としての誠意を見せないのであれば、俺は、どんな手段を使ってでも、お前の会社を糾弾していく」と怒鳴り出した。

女性も泣き出してしまい、室長は、「社に持ち帰って検討します」と繰り返し答えたが、父親は納得せず、「謝罪に来たお前が会社の責任を認めろ」と問いつめ、このやり取りで、2時間が経過した。

室長が、混乱と疲労で途方に暮れていたところに、父親が「とにかく、今後、この件について、会社として誠意をもって対応を検討していくということだけは約束していけ」と言うので、室長は「それは誠意をもって対応させていただきます」と答えた。

すると父親は、「それじゃ、今のことを一応、紙に残してくれ」と言い、書面をワープロで打ち始め、「これに、お前の名刺の肩書きを入れてサインしろ」と言って紙を手渡した。

内容を見ると、「社員の犯罪行為によって、○○様に重大な損害を与えてしまったことを謝罪し、○○様の被った精神的損害、その他すべての損害について、当社は誠意をもって賠償することを約束します」と書いてある。

これを見た室長が「賠償についてはお約束できませんが……」と言い始めたところ、父親は、「今、誠意をもって対応すると、約束しただろう。賠償額を約束してるわけじゃない。会社として誠意をもって対応するという意味だ」と言われたので、早く解放されたい気持ちが募り、お見舞い金程度のことは会社もしないといけないのだから、と思って、サインをして辞去した。

翌日、室長は、会社の担当役員に父親から賠償の請求を受けたことを報告し、会社としての対応を検討してもらうことになったが、自分が書面にサインさせられたことは言わなかった。

数日後、A社が出した結論は、「従業員が業務上、女性の住所を知り得たことで起こした犯罪ではあるが、会社の業務時間外に、会社の業務とは全く関連なく起こした犯罪であり、会社に法的責任はないというべきである。したがって、会社としては、謝罪して10万円のお見舞い金を出すことで対応する」というものであった。

そして室長は、A社からこの方針で女性との間で示談をするようにとの指示を受けた。

室長が、このA社の決定を電話で女性の父親に報告したところ、父親に「念書のとおり、慰謝料、休業損害、退職による損害、転居費用等すべての損害を賠償しろ。念書まで書いた賠償約束を反故にするとはどういう了見だ。金額を算定して文書で請求する」と言われて電話を切られてしまった。

念書を取られる要因――迫力負けと軟禁状態

まず、強引なクレーマーに念書を取られる要因を考えてみる必要があります。

クレーマーに念書を取られる要因のほとんどは、迫力負けによる混乱と長時間の拘束、いわゆる軟禁状態です。

クレームをつけてきた顧客の迫力に気圧《けお》され、まず、口頭で顧客の要求に応ずる旨を回答してしまうことが、最初の要因です。

特に、この事例のように被害者が女性であったり、幼児であった場合、その近親者から怒りを込めて、「一体どうしてくれるんだ。きちんと損害は、賠償してくれるんだろうな。責任をもって答えろ」と問いつめられたとき、精神的に準備をしていないと迫力に圧されて、

「○○様の損害につきましては賠償の方向で検討させていただきます」

あるいは、

「○○様の損害につきましては、一般的には当社が賠償させていただく事案だと考えております」

といったような、相手方の要求を呑むかのような返答をしてしまいがちです。

そして、このような曖昧な返答は、言った本人は、未だ会社として責任を認めたわけではないと思っていたとしても、言われた相手方は必ず、交渉担当者は賠償を約束したと解釈します。したがって、

「それじゃ、今約束したことを書面にするから、サインしろ」

あるいは、

「それじゃ、請求を出すから待っていろ」

と話を進められ、念書を取られたり、賠償約束を前提とした交渉になってしまうのです。

この事例でも、室長は、被害女性宅にいることを予期していなかった、被害女性の父親から「お前の会社は、女性に支えられている企業じゃないか。その従業員が女性の人生を台無しにするとはどういうことだ。今回の件について、お前の会社は化粧品メーカーとしてどのように対応する意向なのか。まさか、見舞いの菓子折だけで済ますつもりじゃないだろうな」と問いつめられ、「会社として、どのような対応をとれるか検討してみます」と答えてしまっています。

この室長は、本来、女性に対して謝罪に来たのであり、示談交渉をしに来たのではありません。ところが、会社として被害女性に対する賠償を検討することを申し出させられてしま

ったのです。このような言質をきっかけに、念書の作成に行き着くことが多いのです。

言質をとられるのを回避するコツ

言質《げんち》をとられないためには、迫力負けによる混乱の危険を感じたら、まず最初に、自分に決裁権がないことを明言してしまうことです。

たとえば、

「今回の件につきまして、どのような対応をさせていただくかは、上席の者の判断、決済が必要ですので早急に事実関係を報告したうえ、弊社としての対応を回答させていただきます」

と言ってしまうのです。

このように言うと、クレーマーは、

「それじゃ、お前じゃなく、権限のある奴を今すぐに連れてこい」

と言うかもしれません。

そう言われたら、

「それでは、後日、ご連絡いたします」

と言って辞去すればよいでしょう。

しかし、担当者が必要な事実確認をその場でしなければならない場合もあります。

そのような場合は、

「事実関係の確認と報告については、私が責任者ですので、事実関係についてのお話は、私がお聞きします」

と言って、事実確認に話を戻すのです。

担当者がクレーマーに迫力負けして混乱し、言質をとられないコツは、「自分には決裁権はないが、事実調査については自分が責任者である」ということを常に念頭において、事実関係の確認に集中するということに尽きます。

先に指摘したとおり、この事例では、室長は、謝罪のために女性宅に赴いたのであり、女性の父親と賠償の示談交渉をしに来たわけではありません。

女性の父親が今回の件について、「お前の会社は化粧品メーカーとしてどのように対応する意向なのか。まさか、見舞いの菓子折だけで済ますつもりじゃないだろうな」と言った時点で、「私は、今回、謝罪のためにおじゃましましたので、賠償請求をされるご意向であれば、そのご意向は会社に伝えます」と言って辞去すべきだったのです。

軟禁状態となるのを回避するコツ

念書を書いてしまうのは、ほとんどの場合、長時間にわたる相手方居宅等での交渉により、賠償約束をしなければ帰れない雰囲気、すなわち、事実上の軟禁状態となって、疲労が募り解放されたいという意識からです。

このような軟禁状態となるのを避けるには、まず、**クレームをつけてきている相手方が支配する領域での交渉はしない**ということです。

長時間の交渉になりそうな場合は、できるだけ、不特定多数の人がいる喫茶店やファミリーレストランを指定すべきでしょう。

しかし、クレームの原因となっている商品の確認などのために、どうしても相手方の居宅や事務所に赴かなければならないこともあります。

そのような場合は、交渉が長時間となり、帰りにくい雰囲気になりそうになったら、

「既に2時間経過しておりますので、本日はいったん引き取らせていただきます」

あるいは、方便でも、

「夜間8時以降は、お客様のお宅に居てはならないことになっておりますので辞去させてい

ただきます」

と言って、事実上の軟禁状態から抜け出すのです。

このとき、辞去の言葉と同時に腰を上げることが大事です。

そうでないと、

「おいおい、まだ話は済んでないよ」

と制されてしまうからです。

この事例でも、被害女性の父親が怒鳴り出し、被害女性が泣き出し、室長が、「社に持ち帰って検討します」と繰り返し答えたにもかかわらず、父親は納得せず、「謝罪に来たお前が会社の責任を認めろ」と問いつめ、このやり取りで2時間が経過しています。

このような状態が、念書を取られてしまう典型的な状況です。

したがって、遅くともこの段階で、室長は、軟禁状態を回避すべく、辞去しなければならなかったのです。

クレーマーに与えてしまった念書の法的効力

単なる口頭の約束、いわゆる言質だけでなく、賠償約束などを内容とする念書を会社の交渉担当者が書いてしまった場合、その法的効果はどうなるのでしょうか。

この点については、法律上の無効・取消原因がない限り、法的に有効となると考えておいた方がよいでしょう。

まず、文書の法的意味を確認しておきます。

（1）会社としての回答

まず、**電話や面談における口頭での回答と異なり、文書で回答すれば、それは会社としての回答となる**ということです。

たとえ、**社長名義ではなく、担当部長・課長名義であっても、会社がその部署に与えた権限に基づく会社としての意思表示となる**のです。

（2）強力な証拠性

次に、文書にすれば、後日、それが裁判等に提出されると極めて有力な証拠となります。

契約書、和解合意書等の正式文書でなければ、**たとえ、印鑑が押捺されてなくても、署名だけでも証拠となります。**

念書の効力を否定できる場合とは

賠償約束をこのように強い法的効果を有する文書として残してしまった以上、その効力を否定するためには、原則として法的根拠が必要です。

文書による賠償約束の効力を否定できる法的根拠は5つあります。本書末に参照条文を掲げてありますので、併せてご参照ください。

(1) 詐欺(虚偽の事実を申し向けられ騙された)

たとえば、新品で購入した商品の不具合で事故が起きたとの説明を受け、損害賠償を約束したが、実は中古商品を購入していたというような場合です。

このような賠償約束は、民法96条1項により詐欺による意思表示として取り消すことができます。

(2) 強迫(脅された)

たとえば、「賠償しないなら、社名を挙げて『欠陥商品を売りつけて賠償しない悪質業者』

だとビラをまく」と言われ、仕方なく「誠意をもって損害賠償します」との念書を書いてしまったというような場合です。

このような賠償約束は、民法96条1項により強迫による意思表示として取り消すことができます。

しかし、この事案のように、長時間の拘束によって疲労・困惑を感じ、逃れたい一心で念書を書いたとしても、強迫による意思表示とはいえません。

なぜなら、退去する自由がまだ残っているからです。

強迫による意思表示といえるためには、腕を摑《つか》まれ強制された、数人の屈強な男に取り囲まれた、「このまま帰ったらどうなるかわかってるんだろうな」と凄まれた、というような強迫行為が必要なのです。

(3) 錯誤(重要な事実関係に誤解があった)

たとえば、製品を通常の使用をして事故が発生したとの認識で損害賠償の約束をしたが、実は、取扱説明書で禁止されている使用方法によって事故が起きていたというような場合です。

このような場合、賠償約束は、民法95条により錯誤による意思表示として、無効を主張できます。

（4）暴利行為（内容が著しく不相当）

たとえば、わずかな怪我で、１００万円の慰謝料を支払う念書を書かされたというような場合です。

このような場合、暴利行為であり、公序良俗に反する意思表示として民法90条により、無効を主張できます。

（5）権限の不存在（そのような約束をする権限がない）

たとえば、末端の営業社員が数千万円の賠償を約束する念書を書いてしまったというような場合です。会社は無権代理として賠償約束の効力を否定できます。

しかし、会社の稟議・決済を経ていないということだけでは直ちに権限の不存在とはなりません。それは、会社の社内手続の問題に過ぎないからです。

また、仮に権限がなかったとしても、会社がその担当者に交渉に当たらせていた、などの事実関係があれば、民法１１０条（表見代理）によって有効と判断されてしまいます。

実際、会社が交渉担当者には権限がなかったということを理由に念書の効力を否定することは難しいといえます。

裁判官は書面を重視する

民事裁判に携わっている弁護士であれば、誰でも骨身にしみていることですが、裁判官は書面重視です。

特に書いた方が不利になる内容の書面、端的に言えば、この事例のような賠償約束の念書などがあるのであれば、それは、ほとんど決定的とさえいえます。

裁判は、常に事後的判断です。

そのとき念書を書いた交渉担当者が、どのくらい混乱・疲労し、あるいは、恐怖を感じて、意に反して書いてしまったとしても、そのような事情は、あまり考慮されることはありません。

私自身も、念書を書いてしまった側、書かせた側のそれぞれの立場で訴訟を担当したことがありますが、結果は、いずれも念書の効力は否定されることなく、念書が有効であることを前提とした和解で決着しているのです。

何があっても交渉の場では文書を書かない

このように、文書を残せば、会社としての意思表示となり、強力な証拠能力を持ち、しかも、法的根拠がなければ、原則としてその効力を否定することができないのです。

ですから、念書、確認書など種類の如何《いかん》を問わず、示談書のように会社の決済を経て最終的に正式に作成される文書以外、絶対に、交渉の場で文書を作成することに同意してはいけません。

文書をその場で書かされること自体、交渉担当者は正常な判断能力を失っているということです。

そして、書かされる文書の内容は必ず、書いた方に一方的に不利益なのです。

この事例でも、室長は、女性の父親の術中にはまり、

「とにかく、今後、この件について、会社として誠意をもって対応を検討していくということだけは約束していけ」

と言われ、

「それは誠意をもって対応させていただきます」

と答えてしまって言質をとられ、女性の父親から、

「それじゃ、今のことを一応、紙に残してくれ」

「これに、お前の名刺の肩書きを入れてサインしろ」

と言われてしまっています。

そして、その文書の内容は、室長が約束した誠意をもって対応するというにとどまらず、

「社員の犯罪行為によって、○○様に重大な損害を与えてしまったことを謝罪し、○○様の被った精神的損害、その他すべての損害について、当社は誠意をもって賠償することを約束します」

と書かれていたのです。

室長が、通常の精神状態であれば、

「ここまではお約束できません」

となるはずですが、室長は、

「賠償についてはお約束できませんが……」

と切り出したものの、女性の父親から、

「今、誠意をもって対応すると約束しただろう。賠償額を約束しているわけじゃない。会社として誠意をもって対応するという意味だ」

などと文書の内容と全く異なる説得を受け、早く解放されたい気持ちが募り、

「お見舞い金程度のことは会社もしないといけないのだから」

と、これも文書の内容と全く異なる言い訳を自分の心の中でして、念書にサインしてしまっているのです。

やむなく念書を書いてしまった場合の撤回方法

さて、この事例を法的に評価すると、どうなるでしょうか。

A社が出した結論のように、従業員が業務上、女性の住所を知り得たことで起こした犯罪ではあるが、業務時間外に会社の業務と無関係に起こした犯罪であり、会社に法的責任はないともいえそうです。

しかし、従業員に対して「知り得た顧客の個人情報は、絶対に悪用してはならない」という指導・監督をA社が怠っていた過失がある、という主張も十分ありうるでしょう。

いずれにしても、A社が直ちに責任を負うという結論が出る事案ではありません。

少なくとも念書に書かれたとおり、精神的損害、その他すべての損害について賠償することを約束するというのは、A社としては許容できないでしょう。

先に指摘したとおり、この事例のような場合、強迫があったとして念書を取り消すことは難しいでしょう。

そして、A社もこの室長に謝罪に赴かせているので、示談交渉の権限はないとして効力を否定するのも難しいと思います。

それでは、どうすればよいのでしょうか。

直ちに、弁護士名義で念書の撤回の通知を出すのです。

ここで「撤回」とは、ある意思表示をした当事者がその効力を否定する法的根拠はないが、その意思表示を一方的に否定するという意味です。

意に反した書面を書かされた場合で、法律上の無効・取消原因がないときには、早急に撤回の意思表示を書面で相手方に送付しなければなりません。

逆に言えば、以下に指摘する**ポイントを押さえて、撤回の文書を出せば、念書による賠償約束の効力を事実上、否定できる**のです。

念書の撤回通知を出す場合のポイント

念書撤回通知を出す場合のポイントは4つあります。

(1) できるだけ早急に

念書に基づいて裁判を起こされてからでは遅いのです。相手から正式な損害賠償請求が来る前に、できれば、念書を作成した翌日に出すべきでしょう。

念書を書いてから時間が経過していないほどよいのです。

このように念書を作成してから間もない段階で撤回の通知を出せば、事実上、念書を前提としない交渉に戻すことができる可能性が高いのです。

先に、私が担当した訴訟では、念書を書かされた側、書かせた側のいずれも念書の効力が有効であることを前提とした和解をしたと言いました。

しかし、それらの事案は、いずれもこのような念書の撤回通知がなく、裁判になった事案なのです。

裁判になる前、しかも、念書を書かせた側からの請求が来る前に、念書の撤回通知を出して交渉した結果、念書を前提とせずに比較的少額の示談金で解決した例があります。

本章の冒頭で触れた、男性2人が中年女性4人に詰め寄られて念書を書いてしまった事例がそれです。

それだけではありません。もし裁判になったとしても、この撤回の通知が有力な証拠となるのです。

先に指摘したとおり、裁判官は書面主義であり、裁判は事後的判断です。念書を書いてから間もない段階で、それを撤回する通知が存在すれば、裁判官は念書と撤回通知の双方を証拠として判断します。そうすると、裁判官は念書を元に判決を書くことに相当な抵抗を覚えるのです。

ところが、この事例では、室長は、自分が念書を書いてしまったことを報告しませんでした。この後、女性の父親から念書に基づいた損害賠償請求が来たり、訴訟を提起されてから撤回の通知を出したのでは、もはや遅いのです。

したがって、もし、交渉担当者が念書を書いてしまったとしたら、必ず、すぐに報告しなければなりません。**「今なら間に合う」**のです。

（2）代理人弁護士の名義で出す

撤回通知は、念書を書いた本人や会社の責任者の名前で出すのではなく、代理人弁護士の名義で出します。

というのは、念書を書いた本人や会社が撤回通知を出しても、必ず、相手方は「自分から賠償約束をしておいて、反故にするのか」と主張してきます。そうすると、どうしても念書を前提とした交渉に戻ってしまいがちなのです。

ところが、これが第三者である弁護士だと、相手方もこのような主張をなかなかしづらいのです。

また、念書を書いてしまったという極めて不利な状況にあるのですから、交渉窓口は弁護士に移管すべきでしょう。

（3）配達証明付き内容証明郵便と普通郵便の2通を出す

念書の撤回通知は、①相手方に読ませる、②のちに裁判上の証拠として使用する、という二つの目的があります。

先に、悪質クレーマーに対する交渉拒絶・交渉窓口弁護士移管の通知は、相手方が警戒して受け取らないことがあるので配達証明付き内容証明郵便ではなく、普通郵便で出すべきだと言いました。

しかし、念書の撤回通知は、のちに裁判上の証拠として使用するという目的もあります。したがって、配達証明付き内容証明郵便にしておく必要があるのです。

ただ、相手方が、念書の撤回通知であることを予期して、配達証明付き内容証明郵便の受領を拒絶する可能性もあります。

このような場合に備えて、配達証明付き内容証明郵便と普通郵便の双方で撤回通知を出すとよいでしょう。

その際、内容証明郵便の方に「なお、念のため、同文の書面を普通郵便にて郵送してあります」と付け加えておくのです。

こうすると、仮に内容証明郵便が受領拒絶されても、内容証明郵便を発送したことは証明されます。そして、その内容証明郵便に普通郵便でも郵送したと記載されていれば、間接的に相手方は、同文の撤回通知を普通郵便にて受領したであろうことの証明ができるのです。

（4）念書を書かされた理由を具体的に指摘すること

念書の撤回通知は、単に「真意に基づくものでないから撤回する」というだけでは足りません。

どうして真意に基づかずに念書を書いてしまったのか、具体的に記載すべきです。

これは、のちに裁判となったときに、裁判官に念書を書いてしまった理由を理解してもらうためです。

こうした事例において出すべき撤回通知例を本書末に掲げてありますので、ご参照ください。

第7章 悪質クレーマーの犯罪行為

企業の担当者や行政の窓口職員を悩ませる悪質クレーマーの迷惑行為は、実は、刑法上の犯罪を構成していることが多いのです。

ところが、従来は、迷惑行為をされても企業や行政としては、お客様や市民であるという意識から、なかなか110番通報や刑事告訴などの毅然とした措置に踏み切れないことが多かったと思います。

しかし、第3章で指摘したとおり、クレーマーの行為態様が犯罪を構成するような場合は、もはや顧客や善良な市民として対応する必要はなく、法的対応をすべきです。この点について、誰も異論はないでしょう。

そこで本章では、悪質クレーマーの迷惑行為が犯罪を構成する場合を具体的事例を挙げて説明します。

また、本書末に刑法の参照条文を掲げてありますので、そちらもご参照ください。

併せて、具体的な事例において、どの段階に至ったら、顧客ではなく、悪質クレーマーとして法的対応をすべきかについても指摘します。

事例４　インターネット掲示板による誹謗中傷――風説の流布による業務妨害罪

大手自動車メーカーA社のお客様相談室に、「お宅が販売した新車を購入したうちの息子が、運転中ブレーキをかけたら反応が遅く、駐車場の壁にぶつかってしまった。こんな車怖くて乗れない。すぐに販社に車を引き取りに来るように連絡を入れて、この新車をリコールしろ」との電話がかかってきた。

担当者が新車を購入した息子の名前と住所をこの男性B氏から聞いたうえ、「それでは、事故の詳しい状況をお聞かせください」と申し向けたところ、「バカ野郎、さっさと、調査してリコールしろ。お前のところは、リコール隠しをして事故をもみ消す人殺し企業か」と怒鳴って電話を切った。

翌日、A社は販売会社を通じて事故車を引き取り、A社の工場でブレーキ部分を検査したが、特に問題となる箇所は見られなかった。

このため、とりあえず、A社の担当者は、ブレーキ部分に特に問題と見られる箇所がないことをB氏に電話で連絡したが、B氏は、「自分の会社の調査で信用できるか。この新車をリコールするか、新しい新車を納品しろ」と怒鳴って電話を切った。

ところが、翌日からB氏と思われる人物からの電話が数日続き、その人物は、担当者を出させ、「リコール隠しは人殺しだ。お前はその片棒担ぎだ。上司の顔色を窺《うかが》うヒラメ野郎」などと罵倒したうえ、「今回の件でネット上にお前の名前を出せば、お前も有名人だな」と凄んだ。

数日後、インターネットの著名掲示板に「A自動車もリコール隠し」というスレッドが立ち、「A自動車の売り出し中の新車○○○を購入したが、ブレーキの反応が遅く、危うく、大事故になるところだった。知人の修理工場の話では、この車は同じ箇所の不具合で事故が頻発しており、構造的に欠陥があると言わざるを得ないとのことだった。私は、お客様相談室に電話をかけて、早急な調査とリコールを求めたが、担当者は、全く取り合わなかった」という書き込みの後、「A自動車○○○の事故例報告」として数例の死亡事故例が掲載されていた。

急遽《きゆうきよ》、A社は、そのような事故例の報告が販社などに上がっているか調査したが、そのようなブレーキの欠陥と思われる事故例は全く存在しなかった。

興奮による激烈な非難はよくある

この事例において、Ｂ氏が悪質クレーマーであることは誰もが認めるでしょう。

さて、問題は、どの時点で、Ｂ氏に対し、悪質クレーマーとして法的対応をすべきかということです。

Ｂ氏は、「事故の詳しい状況をお聞かせください」と申し向けたＡ社の担当者に対し、「バカ野郎、さっさと、調査してリコールしろ。お前のところは、リコール隠しをして事故をもみ消す人殺し企業か」と怒鳴って、この担当者を激烈な言葉で非難しています。

しかし、この段階でＢ氏を悪質クレーマーと判断してはいけません。これは、一般の顧客でもありうる興奮による激烈な非難である可能性があるからです。興奮による激烈な非難と**悪意ある誹謗中傷**は区別しなければいけないのです。

人の怒りや興奮は10分もたない

企業の製品によって損害を被った顧客が苦情を言う場合は、ほとんど例外なく、怒って興奮しています。

その人の性格によっては、事情を聞いているだけの担当者を口汚く罵倒してしまうこともあるでしょう。しかし、少なくとも、初回の接触では、このような激烈な非難をあまり問題視してはいけません。

ここで、「そんな言い方はないでしょう。それは弊社に対する理由のない誹謗中傷です」などと返すと、間違いなく論争になり、顧客の怒りのエネルギーを増幅させ、通常の顧客を悪質クレーマーに変えてしまうことになります。

初回の接触におけるこのような興奮による激烈な非難には、反応するのではなく、受け流すのが正しいのです。

苦情の受付担当者の使命は、**事実の確認**に尽きます。

企業の製品を使用して損害を受け、苦情を言ってくる人々は例外なく興奮しています。ですから、その興奮が収まるのをしばらく待つことが大切です。

人間の怒りや興奮が持続する時間はそう長くありません。10分もしないうちに、興奮は冷めてきます。そこを見計らって、事実確認の質問を始めるのです。


悪意ある誹謗中傷がなされたら悪質クレーマーと判断

同じような激烈な非難でも、**悪意ある誹謗中傷**をしてきたら、悪質クレーマーと判断すべきです。

この事例でいえば、A社の担当者が、調査の結果、ブレーキ部分には特に問題と見られる箇所がないことをB氏に連絡したところ、B氏が「自分の会社の調査で信用できるか。この新車をリコールするか、新しい新車を納品しろ」と怒鳴って電話を切り、翌日から同じ人物からと思われる電話が数日続き、担当者を出させ、「リコール隠しは人殺しだ。お前はその片棒担ぎだ。上司の顔色窺うヒラメ野郎」などと罵倒したうえ、「今回の件でネット上にお前の名前を出せば、お前も有名人だな」と凄んだという段階です。

この段階では、既にB氏は興奮状態にありません。しかも、B氏の誹謗中傷はA社ではなく、担当者に向けられており、脅迫までしています。ちなみに、「今回の件でネット上にお前の名前を出せば、お前も有名人だな」というのは、刑法上の脅迫罪（222条1項「名誉に対し害を加える旨を告知して人を脅迫」）に該当します。

これは、通常の顧客でもありうる興奮による激烈な非難ではありません。したがって、この段階でB氏を悪質クレーマーと判断すべきなのです。

クレーマーの要求を明確にさせる

さて、この事例で、B氏の目的は何でしょうか。

Ａ社の担当者に「調査の結果、ブレーキ部分には特に問題と見られる箇所がない」と言われたＢ氏は、思わず、「この新車をリコールするか、新しい新車を納品しろ」と言ってしまっています。

このように交渉経過を冷静に捉えると、ほとんどの場合、悪質クレーマーの目的が見えてくるのです。

当初、Ｂ氏はこの新車を「ブレーキに欠陥があるからリコールしろ」と言っていたにもかかわらず、リコールしないなら新しい新車を納品しろと要求しています。

これは、明らかな矛盾です。

このように、**悪質クレーマーと判断するには、クレーマーの要求を明確にすること**です。

悪質クレーマーは、要求を明確にしないまま、企業の対応をいろいろと非難する場合がよくあります。

よく言われるのが、「企業としての誠意を示せ」であるとか、「お前が自分で考えろ」という物言いです。しかし、このようなクレーマーは、実は明確な要求を持っています。ただ、それをストレートに言うと、不当要求と判断されるから言わないのです。

このような場合、**企業の担当者の腰が引けて要求を明確化しないまま、企業側から解決案**

をいろいろと提示する例が多いのです。

しかし、これが悪質クレーム事案を長引かせる原因です。

クレーマーの要求が不明確な場合、「では、お客様は私どもに金銭での賠償を求めているということですか」と端的に質問すればいいのです。

クレーマーが「そんなこと誰が言った。誠意を示せと言っただけだろ」と返答したら、「金銭の賠償でなければ、何を要求されるのでしょうか」と追い込んでいくのです。

このようにクレーマーの要求を明確にすることによって、悪質クレーマーか否かの判断がつきますし、場合によっては、悪質クレーマーが不当要求を断念することもあるのです。

「虚偽の事実」による誹謗中傷は犯罪

この事例では、B氏がA社の担当者に悪意ある誹謗中傷をした数日後に、インターネットの著名掲示板に「A自動車の売り出し中の新車○○○を購入したが、ブレーキの反応が遅く、危うく、大事故になるところだった。知人の修理工場の話では、この車は同じ箇所の不具合で事故が頻発しており、構造的に欠陥があると言わざるを得ないとのことだった。私は、お客様相談室に電話をかけて、早急な調査とリコールを求めたが、担当者は、全く取り合わなかった」という書き込みの後、「A自動車○○○の事故例報告」として数例の死亡事故例が掲載されています。

この書き込みは、書き込みの内容、時間的近接性から、合理的に考えてB氏によるものと判断できるでしょう。

そして、書き込みの内容は事実に反する虚偽のものです。

このような場合、B氏の行為は、虚偽の風説の流布による業務妨害罪（刑法233条）に該当します。

自動車のブレーキという人の生命身体に直接影響を及ぼす重要な部分に欠陥があるという具体的な掲載がなされている以上、A社の販売事業に与える影響は甚大であり、これを何ら法的手続をとらずに放置することは、A社の損害が拡大することになります。

この段階で、積極的にB氏に対する刑事告訴を検討すべきです。

掲載削除の仮処分を申し立てる

刑事告訴をするとしても、通常、立件されるまでには時間がかかりますし、立件されても、掲示板の掲載が削除されるとは限りません。

そこで、早急にインターネット掲示板の掲載削除の仮処分を申し立てるべきです。

近時、インターネット掲示板や個人のホームページ、ブログなどで、特定の企業がその営業行為や製品などについて誹謗中傷を受け、企業イメージが損なわれるという事例が多発しています。

大手電機メーカーのクレーム担当者の不適切な対応がホームページ上で公開されたり、大手生命保険会社の営業活動を非難する著名インターネット掲示板の書き込みが膨れ上がり、掲載削除の仮処分が申し立てられたといった事件をご記憶の方も多いと思います。

企業から商品を購入しようとする消費者は、インターネットの検索システムによって商品の情報を得ようとすることが極めて多くなっています。

このような検索によって、企業を誹謗中傷するホームページやインターネット掲示板にヒットし、具体的事実を挙げて特定の企業や企業の製品を誹謗中傷する掲載を消費者に閲覧されれば、企業にとってその影響は甚大です。

さらに、最近では担当者の実名を挙げて誹謗中傷や脅迫をするクレーマーも増えています。

インターネット上での企業や担当者個人に対する誹謗中傷は、悪質クレーマーにとって強力な武器となっているのです。

不当な利益を得ることを目的としていない性格的問題クレーマーも、インターネット上の誹謗中傷によって企業や担当者個人に大きな打撃を与えることで、その不健全な自尊心を満足させることがあります。

したがって、もし、自社の製品や信用についての事実無根の掲載や、担当者の実名を出しての誹謗中傷や脅迫の書き込みがある場合は、直ちに弁護士に相談して、然るべき法的手続をとることを検討すべきです。

対応するか無視するか

ただ、企業や担当者を誹謗中傷する書き込みがインターネット掲示板に掲載されたとしても、無視すべき場合もあります。

著名な巨大インターネット掲示板をいくつかご覧になられた方はご存じのことと思いますが、そこに掲載されている書き込みは、内容的に噂話や品のない悪口といった類のものが多く、冷静に見ればそれを閲覧した者が、そのような掲載を真に受けて何らかの反応をするとは思えないものがほとんどです。

たとえば、「○○の製品は全く使えない」「そうそう、いいのは名前だけ」「A社の○○はアホ社員」というような単なる悪口に過ぎないものです。

このような書き込みに、いちいち掲示板の管理者に対して削除要求のような法的対応をとる必要はないし、そのような対応をとれば、かえって、削除要求をしたこと自体が掲示板に掲載され、書き込みをした者を調子づかせたり、閲覧者の新たな書き込みへの参入に火をつける結果ともなりかねません。


法的対応をとらなければならない誹謗中傷とは

それでは、法的対応をとらなければならない誹謗中傷はどういうものでしょうか。

それは、**「企業やその商品、サービスなどの信用や担当者の名誉を傷つける虚偽の具体的な事実の指摘が含まれている誹謗中傷」**です。

たとえば、「××社が新発売した化粧品Ｐは、肌に優しいという触れ込みだが、発ガン性物質である……が含まれている」というように、商品の安全性について、虚偽の具体的事実を指摘して、商品に対する消費者の信頼を著しく傷つけるような書き込みや、「Ａ社の○○○○は上司と不倫しており、会社の金を使い込んで旅行に行った」というような名誉毀損罪を構成する書き込みです。

このような事実と異なる、具体的なインターネット掲示板の書き込みやホームページ上の記載は、それを閲覧した消費者が、そのような事実があるかのように受け取ってしまう可能性が高いのです。

そして、これを放置しておくことは、現実に消費者がそのような情報を基に商品の購入を控えたり、その企業や製品に対する信頼を損なうという事態に結びつく危険性が高いのです。また名誉を毀損された担当者は精神的に耐え難いことでしょう。

ネットの誹謗中傷で法的対応をとる相手は誰になるのか

さて、虚偽の具体的な事実の指摘を含む企業への誹謗中傷に対して法的対応をとる、すなわち掲載の削除要求をするとして、その相手方は誰になるのでしょう。

企業にクレームをつけてきた消費者が、そのクレームの延長で、ホームページに企業の誹謗中傷をしたという場合なら、そのホームページを開設した人物を特定できる場合が多いでしょう。しかし、そうでない場合、ホームページの開設者やインターネット掲示板に書き込みをした者の住所・氏名を特定することは困難です。

プロバイダー責任制限法によって、一定の要件のもと、一定の手続で、ホームページの開設者が契約しているプロバイダーや、あるいは掲示板に書き込みをした者がアクセスに利用したプロバイダーに対して、ホームページの開設者や書き込みをした者の住所、氏名等の個人情報の開示を求めることができます。ただ、このような方法は時間がかかり、しかも、必ずしもプロバイダーが応じるわけではありません。

したがって、掲載の削除要求はプロバイダーやインターネット掲示板を主宰する管理者を相手方として行うことになります。

まずは、プロバイダーやインターネット掲示板の管理者等に内容証明郵便で掲載削除の要求をします。

しかし、プロバイダーやインターネット掲示板の管理者は、誹謗中傷が個人のプライバシーに関するものでなく、企業やその製品に関するものである場合、公益性を理由に削除要求に応じない場合が多いのです。

このように相手方が掲載削除の要求に応じない場合、掲載削除の仮処分を申し立てます。

仮処分の裁判は非公開で、通常裁判と違い、審尋という手続で、裁判官が双方から言い分を聞きます。

通常、一、二回の審尋で決定が出され、申し立てから2週間から1ヶ月くらいで決定が出る場合がほとんどです。

この事例のように、A社の新車のブレーキについて、虚偽の具体的な事実を指摘して、あたかも欠陥があるような誹謗中傷を行う掲載は、そのまま放置しておくとA社に事後の損害賠償請求などでは回復できない損害を与える可能性が高く、その損害は甚大であると考えられます。

したがって、プロバイダーや掲示板の管理者に対し、掲載削除の処分命令が発令されるでしょう。

仮処分の進行によっては、この手続の中で相手方と和解（たとえば、損害賠償請求しない代わりに直ちに掲載を削除する）をするという場合もあります。

ただ、掲載した本人を特定して、今後の掲載もやめさせたいという場合は、先に述べたプロバイダー責任制限法によって、プロバイダーに対し掲載した者の個人情報を開示してもらうか、あるいは刑事告訴をして、警察の捜査によって、掲載した本人を調べてもらう必要があります。

いずれにしろ、この事例において、A社はインターネット上の誹謗中傷を放置せず、刑事告訴のうえ、早急に仮処分の申し立てをすべきです。

事例５　一日２００件を超える執拗な電話――偽計による業務妨害罪

職業紹介事業会社A社に長年登録をしているが、就職できない中年の求職者B氏がいる。

４年ほど前から、担当者に対し、「外はウィルスが多いので出歩きたくない。面接はテレビ電話でしてほしい。でなければ、面接に行く交通費は紹介先の企業か、あんたの会社が負担するのが筋だと思う」とか、「自分が就職できないのは、お前の会社が意図的に自分を排除しているからだ。徹底抗戦！」というような意味不明のメールを連続して送ってきている。

また、担当者に電話をかけてきては、長時間、同じ話を繰り返し、なかなか電話を切らせない。

このため、担当者が「Bさん。これ以上、同じ話を続けられると業務に支障が出るので、切らしてもらいますね」と言って電話を切ったところ、翌日から、B氏と思われる人物からA社のフリーダイヤルに、名前は名乗らず、「話をさせろ。話がしたいんだよ」と言っては電話を切る嫌がらせが、ほぼ、30分に１回、毎日行われるようになった。

ここにきて、A社もB氏との関係を断つことを決意し、カスタマーセンターの責任者の名義で「貴殿のメールや電話は業務に支障をきたしているので、対応できません。今後、同様なメール・電話があった場合は、法的措置をとります」との趣旨のメールを送った。

すると、B氏から「そうやって顧客を排除していいのかな」「担当者にこれから会いに行く」「ビルの近くで待ち伏せるから」「自分を抑えられない」との同文メールが数十通送られてきた。

その後、B氏からA社に、「求職登録を抹消するから、自分の個人情報をすべて削除するように」とのメールが来たため、A社は、コンピューターに登録されているB氏の求職のための個人情報を削除した。ただ、今後のため、B氏とのやり取りの記録は残しておいた。

ところが、数ヶ月後、B氏と思われる人物が、今度はA社の親会社のフリーダイヤルに「お前の会社の子会社に人生を台無しにされた」と言って、連日200件を超える電話をかけてくるようになった。

心の欠損を埋めたい精神的問題クレーマー

B氏は、A社の担当者に、「外はウィルスが多いので出歩きたくない。面接はテレビ電話でしてほしい。でなければ、面接に行く交通費は紹介先の企業か、あんたの会社が負担するのが筋だと思う」「自分が就職できないのは、お前の会社が意図的に自分を排除しているからだ。徹底抗戦！」というような意味不明のメールを送ってきています。

これは、典型的な精神的問題クレーマーです。

第3章でも指摘したとおり、このタイプのクレーマーは、たとえ、企業に対して、種々の要求、たとえば、謝罪や慰謝料を要求しているとしても、それ自体が真の目的ではありません。彼らは、自分の心の欠損を埋めるため、企業の担当者との心理的な接触を求めているのです。

したがって、彼らの要求に応じたり、説得しても（彼らは、性格的問題クレーマーと違って、合理的な説得をすると、その問題については一応納得する素振りを見せます）、様々な別の理由をつけて、クレームとも愚痴ともつかない電話をかけてきます。

ですから、このような対応は全く意味がないのです。

したがって、一度彼らに取り憑かれてしまうと、多くの場合、数年間は悩まされることになります。


意味不明の言動があったら型どおりの対応を

彼らに取り憑かれないためには、心理的密着をしない、すなわち、意味不明の言動があったら、できる限り紋切り型の対応をするのがよいのです。

そうすると彼らは、自分の心の欠損を埋められなくなるために、自然とその企業と関係を持とうとしなくなります。

ところが、我々には、このような人たちに対して「冷たくしてはいけないのではないか」という勘違いのヒューマニズムがあります。そこに彼らはつけ込んでくるのです。

心理的密着が極端な場合、企業の担当者と精神的問題クレーマーが恋愛関係になってしまうことすらあります。

こうなると、事態は極めて収拾がつけにくくなります。今度は、その企業の担当者に対する個人的な不満を、企業にぶつけてくるからです。

突発的な加害行為に気をつける

最も危険なのは、担当者との精神的な密着が長期間続いた後に、企業がこらえきれず、関係を断とうとしたときです。彼らは、突飛な加害行為に出る可能性があるからです。

企業の従業員が殺傷されれば、それだけで企業の信用・イメージを失墜させます。そして、なにより、企業は、従業員を被害者にしてはいけません。

企業に対するクレームとは違いますが、数年前、ある政党の国会議員が、自分の事務所に長年出入りしていた右翼団体塾長と称する男に刺殺された事件がありました。

報道によれば、この男は、この事件の直前に、この国会議員に自分が住んでいたアパートの滞納家賃の支払いのための無心をしたが、断られたことに腹を立てての凶行ということでした。

これは、精神的に追いつめられていた人物が長期間、心理的に密着していた場合に、この関係を切られたときに見られる突発的な加害行為の典型例です。

このような最悪の事態となる危険性を回避するためにも、このタイプのクレーマーと長期間、心理的に密着してはならないのです。

小さな被害を受けた時点で警察に通報する

したがって、もし、このタイプのクレーマーに長期間煩わされているとしたら、小さな被害を受けた時点で躊躇《ちゅうちょ》することなく、警察に通報したり、刑事告訴すべきです。

この事例では、B氏に対し、カスタマーセンターの責任者が「貴殿のメールや電話は業務に支障をきたしているので、対応できません。今後、同様なメール・電話があった場合は、法的措置をとります」との趣旨のメールを送ったところ、B氏から「担当者にこれから会いに行く」「ビルの近くで待ち伏せるから」「自分を抑えられない」との同文メールが数十通送られてきています。

この行為は、刑法の脅迫罪（222条1項）に該当する行為です。

脅迫罪というのは、なにも「ぶっ殺してやる」とか、「半殺しにするぞ」といった加害行為を明示しなくとも、暗に加害行為をすることを告げる場合でも成立します。いわゆる黙示の脅迫です。

「ビルの近くで待ち伏せるから」「自分を抑えられない」などとメールを送ることは、この黙示の脅迫なのです。

したがって、このメールが送られてきた段階で、B氏を悪質クレーマーと判断し、法的対応をとる、すなわち、刑事告訴をすべきです。

犯罪性のある脅迫的な言葉とは

ただ、クレームをつけている顧客から、「そんなこと言ってると、ぶっ殺すぞ」とか、「てめえ、殴るぞ」と言われたからといって、直ちに、悪質クレーマーと判断したり、警察に通報すべきではありません。

興奮による暴力的言辞と犯罪性のある脅迫とは、区別しなければならないからです。

何度も指摘するとおり、企業の製品などが原因で苦情を言ってくる顧客は、当初、怒りで興奮状態にあります。気の短い人や平素から粗暴な言葉をよく発している人は、平気でこのような暴力的言辞を発するでしょう。

犯罪性のある脅迫とは、このような興奮にかられて発する暴力的言辞ではありません。脅して恐怖を味わわせてやろうという意図が表れている言辞です。

この事例における黙示の脅迫は、交渉中になされたものではなく、メールで発せられたものであり、しかも同文のメールを数十通送ってきています。このような行為が、典型的な犯罪性のある脅迫言辞なのです。

脅迫メールは証拠になる

ただ、実際には警察が脅迫罪で告訴を受理することはあまりありません。

というのは、既に指摘したとおり、興奮による暴力的言辞と脅迫の区別がつきにくいということと、通常、脅迫行為は言葉で発せられるため証拠が残らないからです。

したがって、一般的には、脅迫罪による刑事告訴をしても、警察は、「もう少し様子を見ましょう」という対応になってしまいます。

しかし、本件のように脅迫行為がメールに証拠として残っており、しかも、それが同文で数十通送られてきたとなると、悪質性が高いということで告訴が受理される可能性があるのです。

最近、女性評論家に対し著名なインターネット掲示板に「教室に灯油をぶちまき火をつける」「これは犯罪予告だ！」と書き込みをした人物が脅迫罪で逮捕されて有罪となった事件がありましたが、これも証拠が残っており、悪質性が高い脅迫だったからです。

また、仮に、告訴が受理されなくても、この次、B氏による何らかの加害行為がなされた場合、警察は素早く対応してくれるでしょう。

警察が介入することの効果

精神的問題クレーマーに対しては、警察への通報や刑事告訴が最も効果的です。

なぜなら、彼らの脆弱《ぜいじゃく》な精神は警察権力が介入してきたということに衝撃を受け、萎縮して企業と接触をしようという気が起こらなくなるからです。

弁護士に交渉窓口を移管することも有効ではありますが、精神的問題クレーマーは、企業側に「弁護士と交渉するのは嫌だ」と言ってくる可能性があります。

そのときは、「既に交渉窓口を弁護士に移管しておりますので、対応できません」と型どおりの回答を繰り返すのがよいでしょう。何度か同じやり取りを続けると、彼らも企業の担当者に執着するエネルギーを失い、やがて離れていきます。

個人情報削除の要求に応ずる必要はない

このような脅迫行為を行った後、B氏は求職登録を抹消するとして、A社に対して自己の個人情報の抹消を求めています。おそらく、A社から刑事告訴などの何らかの法的手続をとられることを恐れたのでしょう。

この事例のように、クレーマーから企業に対して、自己の個人情報の抹消を求める例は多いのです。

しかし、このような要求に応ずる必要はありません。

個人情報保護法に関して最も誤解が多い点なのですが、**自己の個人データを本人が企業に対して削除請求できるのは、企業が個人情報をあらかじめ定めた利用目的外で使用したか、**

その個人情報を不正な手段で取得した場合だけなのです。

したがって、企業はクレーマーの個人データの削除要求に応ずる必要はありません。

むしろ、今後の法的対応のために削除すべきではないのです。

嫌がらせの電話は「偽計による業務妨害罪」

その後、B氏と思われる人物が、A社の親会社のフリーダイヤルに「お前の会社の子会社に人生を台無しにされた」と言って、連日200件を超える電話をかけてきています。

このような行為は、刑法の偽計による業務妨害罪（233条）に該当します。

「偽計」とは、他人を欺《あざむ》くことをいいます。

企業のフリーダイヤルにかかってくる電話は、企業の担当者は、真面目に問い合わせや苦情を言ってくる顧客からの電話だと思って出るものです。ところが、B氏の電話は、一方的に子会社であるA社への誹謗中傷をして切っています。これを多数回繰り返すことは、その企業の担当者を欺いて電話に出させて、かつ、フリーダイヤルの回線をふさぎ、A社の親会社の業務を妨害したことになるのです。

したがって、A社の親会社はB氏を被告訴人（告訴の相手方をこのようにいう）として、あるいは、被告訴人不詳（刑事告訴においては、必ずしも相手方を特定しなくともよい）で刑事告訴すべきですが、A社は、ここに至るまでの間に、B氏と関係を断つ機会はあったのではないでしょうか。

無償のサービスほど悪質クレームを受けやすい

ちなみに、ほとんどの職業紹介事業会社は、求職者から報酬を取りません。就職させた際にはじめて求人企業から報酬を得ています。

すなわち、A社は、B氏に無償でサービス提供をしているのです。そして、実は、この**無償のサービス提供をしている業種ほど悪質クレーマーに悩まされることが多い**のです。

本書の冒頭で紹介した、私に脅迫めいたファックスを送ってきた女性も、無料法律相談の相談者でした。

行政窓口の職員は、近時、すさまじい悪質クレーマーに悩まされているとの報道をよく目にしますが、行政サービスも基本的に無償です。

さらに、学校の教職員を悩ませるモンスターペアレントも公立の小中学校の親が多いといいます。

なぜでしょうか。

それは、無償のサービス提供は、提供する方が公共的な使命を負っており、サービス提供を受ける側の様々な要求を受け入れるべきだという感覚が、クレーマー側にあるからです。

割に合わない話ですが、無償のサービス提供を行う業種は、十分な悪質クレーマー対策が必要であるということなのです。

事例6　居座り・大声を上げてのクレーム――不退去罪・威力業務妨害罪

フランチャイズのお総菜販売店に、夕方の混雑時、突然、中年男性が来店し、店員に「この間、お前のところから買ったコロッケを食べて腹を下した。お前の会社は、牛肉に変な材料を混ぜて販売していた業者からコロッケを仕入れていただろう。何日も仕事に行けずに日当をもらえなかった。どうしてくれるんだ！」と、大声で怒鳴り散らして入ってきた。

数日前、食肉に異物を混入していた食肉販売業者が、食品衛生法上の立ち入り検査を受けたことが報道され、併せて、このフランチャイズのお総菜販売店もこの食肉業者から冷凍コロッケの納品を受けていたことも記事になっていた。

この報道がなされてから、このフランチャイズのお総菜販売店では、この食肉業者が納品した冷凍コロッケをすべて廃棄した。

店長は、中年男性に対し、「ここでは、お買い物のお客様もいらっしゃいます。奥に事務室がありますから、そこでお話を伺えますか」と申し向けると、中年男性は、「今日も毒入りコロッケを売っているかもしれないじゃないか。買い物に来ている皆さんにも事実を知ってもらいたい」と大声を張り上げ、店舗から退去しなかった。

このため、客は怖がって皆帰ってしまった。中年男性はなおも大声で「毒入りコロッケ！……」と繰り返すため、店舗前には人だかりができて、お客が全く入ってこない状態になった。

店長は、このままでは営業できないと思い、財布から3万円を取り出して、「ご迷惑をおかけしました。足りないかもしれませんが、これでご容赦ください」と言って中年男性に渡したところ、中年男性は、「損した日当には足りないが、俺も事を荒立てるつもりはないんだ。食中毒を起こさないように気をつけるんだぞ」と言って帰っていった。


企業の不祥事は悪質クレーマーにとって商売のネタ

この事例の中年男性は、典型的な常習的悪質クレーマーです。

常習的悪質クレーマーは、企業不祥事が報道されると、必ず、それをネタに不当要求をしようと考えます。逆に言うと、企業不祥事が報道された場合、企業はこのような常習的悪質クレーマーの来襲に備える必要があるのです。

悪質クレーム対策の企業セミナーの講師をした際、同じく講師として招かれたお菓子メーカーのお客様相談室の責任者をしていた方の話を聞いたことがあります。それによると、製菓会社の企業不祥事が報道されると必ず、朝一番でそれをネタにしたクレームの電話がかかってくるそうです。

ところが、そのような電話をしてくる人物に、具体的な事実関係を聞くと、これがあやふやで、しかも、電話をかけてきている会社とは別の会社の名前を言って、「だいたい、お前の会社は……」と非難するというのです。

「その会社は別の会社です」と告げると慌てて電話を切ったらしいのですが、要するに、製菓会社の企業不祥事が報道されたので、それをネタに、主だった製菓会社に順番にクレームをつけていたようです。

この事例では、最近報道された食肉販売業者の企業不祥事をネタにクレームをつけてきていることは明らかです。

自社が企業不祥事を起こした場合だけではなく、同業他社、あるいは、この事例のように納品業者が不祥事を起こした場合も、それをネタにした悪質クレームが発生します。最近、中国製品による健康被害が大きな問題となりましたが、中国製品や中国産原材料を輸入している企業なども、それをネタにする悪質クレーマーを想定しておく必要があるでしょう。

理由のない居座りは不退去罪になる

この事例で、中年男性は、店長から「ここでは、お買い物のお客様もいらっしゃいます。奥に事務室がありますから、そこでお話を伺えますか」と申し向けられると、「今日も毒入りコロッケを売っているかもしれないじゃないか。買い物に来ている皆さんにも事実を知ってもらいたい」と大声を張り上げ、店舗から退去しませんでした。

この中年男性は、コロッケを食べてお腹を壊したという苦情を言いに来たのですから、まず、具体的な事情をこのお惣菜販売店の店長に話す必要があるはずです。本当に苦情を言いたいのであれば、店舗で大声を張り上げるだけでは話は進みません。店長から奥の事務室で話を伺いますと言われているのですから、これを拒む理由はありません。

それにもかかわらず、この中年男性は、店舗から立ち去らず、理由なく居座り続けています。

このような場合、刑法の不退去罪（130条）が成立します。住居侵入罪と同じ罪です。

したがって、この段階でこの中年男性は悪質クレーマーと判断でき、店長は警察に通報すべきです。

このような理由のない居座り行為は非常に多いと思いますが、従来、顧客だからということで、企業はなかなか警察に通報しなかったと思います。

常習的悪質クレーマーは、まさにそこにつけ込んでいるのです。

しかし、躊躇する必要は全くありません。

第2章で指摘したとおり、仮に、この中年男性が本当に食あたりの被害を受けたとしても、その行為態様が犯罪である以上、悪質クレーマーとして法的対応をすべきなのです。

実際、理由のない居座り行為に対しては、直ちに警察に通報するという企業の担当者は増えてきています。

また、最近、行政に対して不当要求をしたため、職員から再三退室を求められたのにこれに従わず、退去しなかった悪質クレーマーが、現行犯逮捕されたという事件が新聞で報道されました。

理由のある居残りと理由のない居座りを区別する

ただし、企業側が退去を求めたのにもかかわらず、退去せず、なお、苦情を言おうとしているからといって、全てが不退去罪を構成するわけではないことに注意してください。

理由のある居残りは不退去罪を構成しませんし、悪質クレーマーと判断すべきでもありません。

たとえば、被害にあった顧客が企業に対し賠償要求をしているにもかかわらず、きちんとした説明もせず、また、説明や交渉の場を設定もしないで退去を求めたが、顧客がこれを受け入れず、居残ったというような場合です。

不退去罪を構成するのは、あくまで、**「理由のない」**（刑法１３０条参照）不退去なのです。


大声で「毒入りコロッケ」は威力業務妨害罪

この事例の中年男性はさらに、大声で「毒入りコロッケ……」と繰り返し、店舗前には人だかりができて、お客が全く入ってこない状態にしています。

このような行為については、刑法の威力業務妨害罪（234条）が成立します。

「威力」とは、人の意志を制圧するに足る勢力を使用することであり、この事例のように大声で「毒入りコロッケ」と繰り返して客を帰らせ、さらに店舗前に人だかりを生じさせ、客を店舗に入れさせないのは、まさに人の意志を制圧するに足る勢力の使用です。

したがって、仮に、この中年男性が店舗から退去していたとしても、警察に通報すべきなのです。

金銭を与えるのは「最悪の解決」

この事例では、店長が中年男性に3万円を渡して追い返しています。

店長は上手く収めたと思ったかもしれませんが、これは、最悪の解決法です。

間違いなく、この中年男性は同じようなクレームをつけて、同じ店舗か、系列の店舗に再度やってきます。

同じ人物が、同じような理由で何回も来たら信用されないだろうと思われるかもしれません。しかし、彼らは、そもそも、信用してほしいなどとは思っていないのです。

第3章で指摘したとおり、彼らは、自分のことを「厄介な人物、面倒な人物でまともに対応するより、少額の金銭で済むなら払ってすぐに終わらせたい」と企業の担当者が思ってくれることを狙っているのです。

ですから、一度成功したら、どんなに「そんなばかな」と思われるクレームでも平気でつけて、二度、三度とやってきます。

常習的悪質クレーマーには、金銭を支払っての解決は絶対にしてはいけません。

彼らも、自らの行為が、刑法の詐欺罪（246条）に該当することはわかっています。そして、その場で現金を取れなければ、もう取れないということもわかっているのです。

したがって、第3章で指摘したとおり、具体的な事実経緯を根ほり葉ほり聞いて、諦めさせるか、警察に通報して追い返してしまえば、しつこく何度も来たり、企業に攻撃を仕掛けるような行為はしてこないのです。

事例7　スキャンダルをネタにした金銭・取引要求と街宣活動——恐喝罪・業務妨害罪

自分はマンション用地問題研究会代表であると称する、一見して社会活動をしている人物とはとても思えない風体の中年男性B氏が、マンション販売会社A社に来社し、この会社が発売中のマンションの販売責任者に面会を求めた。

B氏は、対応に出たA社の営業課長に対し、「今、お宅で売り出しているマンションの敷地は昔、化学工場だっただろう。メッキもやっていたことは調べがついている。したがって、土壌汚染の恐れがある。直ちに、地質調査をしてほしい。当研究会で推薦する地質調査会社ならすぐに厳格な調査ができる。もし、お宅が調査を行わないようであれば、この事実をマンション購入者に告知しなければならない」と切り出した。

これに対し営業課長が「地質調査はすでに行っており、土壌汚染はないとの報告が出ています」と答えたところ、B氏は、「自分のところの調査では客観性がない。そのような調査ではなく、第三者機関を使った調査をすべきだ。そのような態度では大変なことになる」と凄んで帰っていった。

すると、翌日、この発売中のマンションのモデルルームの前で、マンション用地問題研究会の看板を掲げたワゴン車が「このマンションの敷地は元化学工場で土壌汚染の恐れがあり、特に赤ちゃんや幼児には深刻な影響が懸念されます。にもかかわらず、A社は、きちんとした地質調査を行っていません」と拡声器による街宣を始めた。

モデルルームを見に来ていた顧客は、「どういうことですか?」と販売員に詰め寄ったり、「土壌汚染の恐れなんていう説明は受けていない」と言って、申し込みをキャンセルする人が相次いだ。

このままでは、マンションが販売できなくなると考えた営業課長は、Ｂ氏に連絡を取り、「弊社も大規模マンションで在庫を抱えるわけには参りませんので、なんとか、街宣はやめていただくことはできないでしょうか」と申し向けたところ、Ｂ氏は、「貴方は非常に誠実な人だ。貴方を困らせるようなことは絶対にしない。ただ、うちの研究会も活動資金がなくて思った活動ができない。貴社から１０００万円ほどご寄付いただければ、有意義な活動ができる」と持ちかけた。

この営業課長は、販売担当取締役と協議、近隣対策費から１０００万円を捻出することとし、再び、販売担当取締役を伴ってＢ氏と面会し、１０００万円をＢ氏に支払った。

その翌日、販売中のマンションの街宣は収まった。

しかし、再び、Ｂ氏がＡ社を訪れてきた。

今度は、Ｂ氏は、販売担当取締役に面会を求め、Ａ社が手がけている別のマンション建設予定地について、「この前のようなことがあると困るだろうから、この敷地については、うちが提携している地質調査会社の調査を入れたらどうか」と提案し、さらに、「今後は、御社の地質調査はうちを通してもらえば、御社も安心でしょう」と申し向けた。

これに対し、販売担当取締役が、「この前、お支払いした以上のことは、弊社としてはできません」と答えたところ、B氏は、「そういえば、この前の1000万の寄付はどこから出したの？　月刊誌のライターが嗅ぎつけたらしくて、うちに取材に来たのよ。どう答えたらいいんだろう。お宅も私が最初に言ったとおり、きちんと地質調査をすればよかったのに」と言い放った。

社会正義を掲げてやってくる反社会的悪質クレーマー

この事例におけるB氏は、典型的な反社会的悪質クレーマーです。

暴力団対策法（暴対法）施行後、反社会的勢力に属する者が、自分が暴力団などの反社会的勢力に属することを誇示して企業や行政に不当要求をすることは非常に少なくなりました。

それに代わり、近時の反社会的勢力による不当要求は、会社や社会団体の代表者と称して、企業の不祥事や不祥事を連想させるような事実をネタにクレームという形をとってやってきます。

経済的取引行為や社会正義を掲げ、一般人の衣を被《かぶ》ってやってくるのです。

この事例でも、Ｂ氏はマンション用地問題研究会代表と称しています。

しかし、彼らは、必ず企業の担当者に自身が普通の人ではないと一見してわかるような特殊な外見や対応をします。

たとえば、派手なスーツで決め、筆文字で社名や名前が印字された和紙で作られた名刺を差し出したり、企業の対応担当者の些細《ささい》な不手際に大声を上げて怒鳴るなど、つまり、肩書きではなく、**ボディーパフォーマンスで黙示の恐怖感を与え、担当者に決して自分は一般人ではないことをわからせる**のです。

一般人だと企業の担当者に思われたら、彼らの不当要求を呑んでくれるわけがないからです。ですから、反社会的悪質クレーマーによる不当要求か、そうではないかという区別が問題になることは通常ありえないのです。


彼らはファーストコンタクトの時点で報復措置を用意している

そして、彼らが企業にやってくるときは、ネタをつかんで、かなり調査をしたうえでくることが多いのです。

この事案でいえば、Ａ社の販売中のマンションの敷地が元化学工場の敷地であったこと、そしておそらくは、A社がそのことを購入予定者に告げずに販売していることも下調べしてきているでしょう。

そこまで調べて、「これはいける」と踏んでやってくるのです。

しかも、**恐るべきことは、彼らは、多くの場合、この段階で、既に街宣や月刊誌等のスキャンダル記事など、企業が要求を拒絶した場合の報復措置を用意しているということです。**

というのは、彼らも、初回の接触で企業が彼らの要求を受け入れることはまずないと考えています。最初に企業が彼らの不当要求を拒絶することは織り込み済みなのです。

そして、企業が初回の要求を拒絶したところで、間髪を入れず街宣などの報復措置をぶつけるのです。

このようにして、企業や企業の担当者を驚愕・動揺させ、正常な判断能力がなくなり、心が折れたところで、彼らの真の要求を企業の方から尋ねるように仕向けるのです。

こうした反社会的勢力による、街宣などの報復の恐ろしさは、攻撃を受けた当事者でなければ理解できないかもしれませんが、大多数の人は、こういった報復攻撃がなされると、底知れぬ恐怖感や嫌悪感で心が折れそうになるのです。

私も数年前、ある企業に対する誹謗中傷ビラの中に顔写真入りで自分のことを掲載されたことがあります。

私自身、もし、このビラが自宅マンションや近隣居宅のポストに投函されたらどうしようかと、内心怯《おび》えたものです。

ところが、この企業の社長は、会社に街宣をかけられたうえ、自宅マンションの他の居宅や近隣のマンションにも誹謗中傷ビラをポストに投函されたのですが、強い憤りを表していたものの、全く動揺することなく平然としていました。

「こんな人もいるのか」と驚き、感心したことを覚えています。

しかし、ほとんどの人はこのような報復攻撃を受けると動揺して、平常心ではいられないはずです。

この事案でも、B氏は、自分の要求を受け入れなかったA社の営業課長に対して、「そのような態度では大変なことになる」と凄んで帰っていった翌日、発売中のマンションのモデルルームの近くで、マンション用地問題研究会の看板を掲げたワゴン車で街宣を始めています。

そして、突然の街宣とこれによって販売活動が混乱したことで、A社の営業課長は驚愕・動揺し、「なんとか、街宣はやめていただくことはできないでしょうか」と言って、白旗を掲げてしまったのです。

反社会的悪質クレーマーの目的は「巨額の金銭」と「企業との継続的関係」

彼らの目的は、一度に巨額の金銭を得ることか、企業と継続的な取引関係を結ぶことか、もしくは、その両方です。

取引関係といっても名目だけで、実態は、彼らの名目的な会社や団体が、他の会社に丸投げして、その間で莫大な利ざやを抜くのです。

数年前、大規模遊園地を経営する会社が、反社会的勢力に属する人物の一族が役員を務める会社に清掃事業を委託し、その会社が他の清掃事業者に丸投げし、数年間で数億円もの利ざやを抜いて利益をあげていた事実が報道されました。

この事件がクレームをきっかけとしたものかは定かではありませんが、彼らが最も狙っているのは、このような企業との永続的な取引関係なのです。

というのは、彼らが一度に巨額の金銭を要求したり、取得したりすれば、恐喝罪（刑法249条）で検挙される可能性が高いからです。

そこで、彼らは企業との取引を仮装することによって――いわば、取引行為を隠れ蓑として――巨額の利益を得ようとするのです。

企業との永続的な関係を結ぶために秘密を共有する

企業との永続的な関係を結ぶために、彼らは企業との間で**秘密の共有**をしようとします。秘密の共有とは、企業を不祥事などのネタで脅し、それを公表しないことの対価として不正な利益を取得することです。

このような不正の対価を脅し取られた企業は、いわば被害者ですが、彼らは、企業がこのような対価を支払った後に、今度は、企業が、このことを不祥事以上に（このような金を支払うこと自体、企業不祥事にほかなりませんが）秘密にしなければならないと考えることをよく知っているのです。

この事案でも、Ａ社のマンション販売事業の近隣対策費から１０００万円を支払わせていますが、これも秘密の共有をするための手段に過ぎないのです。本当の目的は、後に控えています。

Ｂ氏は、Ａ社が手がけている別のマンション建設予定地について、「この前のようなことがあると困るだろうから、この敷地については、うちが提携している地質調査会社の調査を入れたらどうか」と提案し、「今後は、御社の地質調査はうちを通してもらえば、御社も安心でしょう」と申し向け、さらに、「そういえば、この前の1000万の寄付はどこから出したの？　月刊誌のライターが嗅ぎつけたらしくて、うちに取材に来たのよ。どう答えたらいいんだろう」と言い放っています。今度は、A社がB氏に金を払ったことをネタにしてA社と取引関係を結び、巨額の利ざやを稼ごうとしているのです。

ですから、間違っても反社会的勢力の不当要求に応じてはいけません。絶対にそれだけでは済まないからです。

同業者に「クレームに弱い企業」という情報を回す

しかも彼らは、系列の「同業者」に、不当要求に屈した「弱い企業」の情報を流すのです。

なぜ、彼らは、そのようなことをするのでしょうか。

それは、一本の毒草なら簡単に抜かれるが、それが当たり一面にはびこれば、そう簡単に抜かれないからです。

つまり、企業が複数の反社会的勢力と関係を持つと、その企業は反社会的勢力との付き合いが常態化して、そこから容易に抜け出せなくなるということです。その結果、彼らは、自分たちの利益を永らく確保できることになるのです。

反社会的悪質クレーマーが来たら直ちに弁護士に依頼する

反社会的悪質クレーマーがやってきたら、追い返したことで安心せず、すぐに弁護士に連絡して、相談し、対応を依頼すべきです。

このことには、二つの意味があります。

一つは、弁護士と事前に相談して対応を依頼し、彼らの報復措置に法的対応をとる態勢を整えることによって、現に報復攻撃が行われた場合の企業側の動揺が少なくて済むということです。

もう一つは、弁護士が介入したことを反社会的悪質クレーマーに警告通知などで知らせることによって、彼らの狙いである企業との秘密の共有を挫折させることができるということです。

そして、反社会的悪質クレーマーから不当要求を受けた事実を、必ず直ちに企業トップまで報告しなくてはなりません。社内の意思を統一して、全社一丸となって反社会的悪質クレーマーに立ち向かうためです。

この時点で、反社会的悪質クレーマーとの勝負は決したといってよいでしょう。企業との秘密の共有の狙いが挫折したことを知った彼らは、既に企業からお金が出ないことを悟るからです。

この後も強引に不当要求を続ければ、恐喝罪で検挙されることは彼らも十分承知しているのです。

報復措置には迅速な仮処分と刑事告訴の二本立てで対応

既に弁護士が介入し、企業との秘密の共有の狙いが挫折したことを知っても、彼らは、一度は報復攻撃を行います。

しかし、これらはもはや不当要求のためではなく、まさしく、弁護士を介在させたことに対する腹いせです。したがって、迅速に法的手続、すなわち、仮処分と刑事告訴をとることによって、報復攻撃は短期間で収束します。

彼らも、既に用意した報復措置は腹いせのためにやりますが、企業からお金も出ないのに、さらにお金をかけて新たな報復措置を準備するようなことはしないからです（ただし、彼らの面子《メンツ》をつぶすような行為、たとえば、彼らを馬鹿にして笑ったり、小物扱いしたりするような言動をしない限り）。

そういった意味で、**彼らの行動には経済的合理性がある**のです。

この点が、性格的問題クレーマーや精神的問題クレーマーの迷惑行為と決定的に異なっています。

街宣禁止の仮処分の申し立てをする

この事例では、販売活動中のマンションのモデルルームの前で、「このマンションの敷地は元化学工場で土壌汚染の恐れがあり、特に赤ちゃんや幼児には深刻な影響が懸念されます。にもかかわらず、A社は、きちんとした地質調査を行っていません」と拡声器による街宣を始め、モデルルームにおける販売を混乱させ、申し込みをキャンセルする顧客が相次ぐという事態にさせています。

このようなA社の平穏な営業活動を阻害するような街宣行為に対しては、裁判所に街宣禁止の仮処分を申し立てることになります。

事例4のインターネット掲示板の掲載削除の仮処分のところで述べたとおり、仮処分の手続は、申し立てた即日に裁判官と面接し、1週間くらいで相手方を呼び出して審尋という手続を行います。

ほとんどの場合、相手方が出頭せずに街宣禁止の仮処分命令が発令されるか、相手方が裁判所に上申書でもう街宣は行わないと誓約して終了します。いずれにしろ、もう街宣が行われることはありません。

この時点で、彼らは企業からお金を取ることを諦めているからです。

警察に通報すればすぐにパトカーが駆けつける

A社は、B氏に対して、既に販売中のマンションの敷地については地質調査をしていることを告げています。にもかかわらず、B氏による街宣は、「A社は、きちんとした地質調査を行っていません」と誹謗しています。

これは、先にも述べた虚偽の風説の流布による業務妨害罪（刑法233条）に該当する行為です。これを告訴事実として、警察に刑事告訴をします。

また、本事例のように虚偽の事実を告げている場合でなくても、街宣の音量が非常に大きく、モデルルームにおける購入希望者への説明や契約ができないような状態になれば、威力業務妨害罪（刑法234条）が成立します。

ただし、刑事告訴が正式に受理されるには時間がかかります。それに対し、マンションの販売活動に対する妨害はすぐに止めなければ、販売活動に相当な影響を与えます。このような場合は、告訴状を提出した刑事課に通報するのがよいでしょう。

すると、すぐにパトカーで駆けつけてくれ、彼らを任意同行してくれる場合もあります。実際、私が数年前に経験した事案では、警察が任意同行したことによって、その後の街宣活動がピタッと止まりました。

そこまでいかなくとも、パトカーや警察官の前では、彼らも街宣を控えざるを得ないでしょう。警察官の説得に従い、モデルルームの前ではなく別の場所で街宣を行わざるを得なくなると思います。

不当要求に応ずることは担当者自身の身も滅ぼす

この事例では、A社の営業課長は販売担当取締役に相談のうえ、近隣対策費からB氏に1000万円を支払っています。

この時点で、B氏には恐喝罪（249条）が成立します。

A社の支払いが、B氏による街宣活動に畏怖して、これを止めてもらうためになされたことが明らかであるからです。

しかし、このような処理は会社の正式な手続に則って、すなわち、事実をありのまま、稟議書に記載して、取締役会の承認を得ているということはまずありません。

したがって、A社のB氏に対する支払いが発覚した場合、A社の企業不祥事となるだけではなく、この営業課長が刑法上の背任罪（247条）に問われる可能性もあるのです。

A社の営業課長にとってはまさに踏んだり蹴ったりですが、反社会的悪質クレーマーの不当要求に屈することは、このように自身の身を滅ぼす事態にもつながりかねないのです。

B氏は、白旗を掲げてしまった営業課長に「貴方は非常に誠実な人だ。貴方を困らせるようなことは絶対にしない」などと持ち上げていますが、これも彼らの常套手段です。

十分恐怖を味わわせた後に、少し持ち上げることで、企業の担当者を籠絡するのです。ハイジャックの被害者が自分にやさしい扱いをしたハイジャック犯に対し、変な共感を抱いてしまうのと同じ心理です。

こうして、**反社会的悪質クレーマーに籠絡された企業の担当者は、心の中で、とんでもないことをしているとわかりつつ、自分の良心に言い訳をして、彼らに金銭を渡してしまうの**です。

第8章

企業不祥事が起こったときのクレーム対応

企業不祥事が発生するとクレームが激増する

クレーム対応で最も困難を極めるのは、企業不祥事が報道された際のクレーム対応です。

というのは、不祥事の原因となった苦情の対応で労力をとられるうえに、**確実に不祥事の原因以外のクレームが激増する**からです。

しかも、企業不祥事があったことで従業員は負い目がある一方、苦情を言う側は心理的に追い風がある状態です。

まず、全社員にこの点についての覚悟と態勢の準備が必要です。

厳しい企業間の競争で、企業の製品やサービス、その価格が同業他社間でそれほど差がなくなった現代において、企業イメージの失墜は企業の存亡に関わる一大事です。

こういった危機的局面にあるので、通常のクレーム対策とは違う認識で臨む必要があるのです。

まず、企業不祥事発生時には、企業不祥事の直接の原因以外にどういった原因によるクレームが増えるのでしょうか。

6つほど挙げることができます。

(1) 不信感による消費者の被害意識の拡大

不祥事企業に対して、消費者が抱く不信感から発生するクレームです。

たとえば、購入した商品のパッケージに入っている「個数が足りなかった」であるとか、「いつもと違う変な味がした」とか、おそらくは、消費者の誤解と思われる、不祥事企業を疑ってかかるために生ずるクレームです。

食中毒被害を発生させる不祥事を起こした乳製品メーカーのお客様相談室の責任者の方の話を、クレーム対策セミナーで聞いたことがあります。その企業は食中毒被害に続き、関連会社が食肉の産地偽装を行ってBSE対策関連の補償金を騙し取った事件で解散に追い込まれました。

その企業と関連会社の不祥事が報道されたときには、「それは誤解だろう」というようなクレームが非常に増え、たとえば、「チーズの６個入りのパックに５個しか入っていなかった」というクレームのために、その家庭まで現品を確認しに行ったといいます。

このように、不祥事企業に対する不信感が実態のない被害を消費者に連想させてしまうのです。

（2）常日頃の製品・サービスに対する不満

消費者がその不祥事企業の製品やサービスに対して、常日頃から抱いていたが、特に苦情を言うほどでもないため、黙っていたクレームを、不祥事が報道されたことをきっかけに、文句を言ってやろうというケースがあります。

たとえば、「去年買った製品はその後出た他社の同種品より価格が高い。騙されたような気分だ」とか、「お前のところは、以前から苦情対応が遅かった」というように、従前の不満が、不祥事報道をきっかけに爆発することによるクレームです。

しかし、このようなクレームは、消費者が有していたが企業に届いていなかった不満であり、この機会に企業が真摯《しんし》に受け止めるべきクレームといえるでしょう。

（3）一般消費者からのご意見的なクレーム

不祥事によって迷惑を被ったわけではないが、不祥事企業の企業姿勢や不祥事対応に関して、一言述べたい一般消費者によるご意見的なクレームです。

「営業の自粛期間が足りない。A社は同じような事案で3ヶ月自粛したのを知っているか？

Ｂ社の事件では……」とか、「ホームページだけでなく、テレビで謝罪広告をした方がよい。テレビによる謝罪は、インターネットと違って……」とか、「社長の謝罪、あれは何だ。企業のトップの謝罪というのは、本来……」というように、自分の意見をとうとうと論ずるタイプの人によることが多いため、非常に時間を割かれます。

不祥事による苦情対応で忙しいときに、このような一般的なご意見を聞かされるのは、苦情対応担当者としては、内心イライラするかもしれません。

しかし、絶対してはいけないのは、このようなクレームに対して冷淡に対応したり、逆ギレすることです。

「ほら、そんな対応だからお前の企業は……」となって、具体的な苦情対応に対するクレームに発展したり、この消費者を悪質クレーマーに変えてしまうかもしれないのです。

通常時と同じように、丁重に拝聴する必要があります。

⑷　同業他社の不祥事の影響によるクレーム

不祥事を起こした企業だけでなく、同業他社もその不祥事の影響を受けてクレームが増えます。

「お前のところもリコール隠しをしてるだろ」とか、「お前の製品も不安だから調査して、公表しろ」というようなクレームです。

実際、大手自動車メーカーのリコール隠し事件が発覚した年の、ある別の自動車メーカーのクレーム件数は、前年比で数割増えたといいます。

他社の不祥事といえども、同業者は、クレーム増加を予測して対応を準備する必要があるのです。

(5) 不祥事企業に対する嫌がらせ・いたずら

不祥事を起こして危機に瀕している企業の存在を知ると、さらに困らせてやろう、いたぶってやろうと、いたずら電話やメールによる誹謗中傷をする人間は必ずいるものです。このような嫌がらせは、不祥事企業の苦情対応担当者にとって一番堪えがたいことでしょう。

しかし、このような嫌がらせは避けられないものですし、一種の愉快犯であるため、そのほとんどが単発で終わります。

不祥事企業の苦情対応担当者としては、このような嫌がらせが多発することをあらかじめ覚悟して、もし自分がされても受け流す。すなわち、まともに感情で受けないことが大事です。

(6) 弱みにつけ込んだ架空請求・過剰請求等の不当要求

不祥事対応の混乱に乗じて、または、企業側が不祥事によって低姿勢にならざるを得ないことにつけ込んで、ありもしない被害をでっち上げて賠償請求したり、被った被害よりもはるかに過大な要求を突きつけたり、あるいは、不祥事の原因となった商品を購入してもいないのに代金返還請求をしたりする悪質クレームです。

実際、食肉の産地を偽装表示したスーパーが、購入者に返金をすることを広告したところ、レシートがあることを条件にしなかったため、実際に販売した価格の数倍の返金を余儀なくされたという事案がありました。

クレーム対応で消費者を味方につける

このように、企業不祥事発生時には、不祥事の原因以外の理由によるクレームが激増するのですが、すべてが根拠のない悪質クレームというわけではありません。

企業不祥事が発生した時点でのクレーム対応におけるポイントは二点あります。

一つは、**クレーム対応を通じて消費者を味方にする**ことです。

企業不祥事発生時の急務は、消費者の不祥事企業に対する信頼の回復です。

そこで、不祥事の原因に関するクレームはもとより、不祥事の原因以外の理由から生じたクレームについても、これに丁寧に対応することでその企業に対する信頼を回復し、さらには消費者を自社の味方につけるのです。

不祥事を起こした企業が立ち直れるか否かを見ていると、この点が最も重要なポイントであることがよくわかります。

逆に言えば、不祥事発生時のクレーム対応で最も避けなければならないのは、一般消費者の反感を買うことです。

したがって、先に挙げた企業不祥事発生時におけるクレーム（1）～（4）については、平常時より丁寧に対応することが求められるでしょう。

そのような丁寧な対応を通じて消費者に、不祥事に対する反省、自分の会社の誠実さをアピールして、好感を持ってもらうのです。

不祥事が起こっても悪質クレームに対しては法的対応をとる

もう一つは、企業不祥事発生時だからといって、悪質クレームに対する対応は変えないということです。

先に挙げた企業不祥事発生時におけるクレーム（5）（6）に対しては、毅然として対応する、すなわち、本書でこれまで述べたような法的対応を崩さないことです。

なぜでしょうか。

それは、このような悪質クレームに対しても低姿勢をとったり、ゆるい対応をとっていると、これによって従業員の志気が著しく低下し、従業員が一丸となって臨まなければならない消費者の信頼回復・企業の業績回復の大きな支障となるからです。

ご意見も丁寧に拝聴し、平常時より丁寧なクレーム対応を心がけるべきですが、不祥事に乗じた悪質クレームには法的対応をとり、不当要求は絶対に拒絶します。

すなわち、**不祥事に乗じた悪質クレームとそれ以外のクレームを峻別する必要が、不祥事発生時にはより強まる**ということなのです。

不祥事に乗じた悪質クレームの判断

それでは、企業不祥事発生時において、悪質クレームであるか否かを判断するにあたってのポイントは何でしょうか。

それは、**難クレームの動機をくみ取る**ということです。

寄せられた難クレームが常日頃の不満・意見の表明からくるのか、嫌がらせ・不当要求目的なのかを見極めることです。

そのために、以下の3点を心掛けるとよいでしょう。

(1) 平常時より、事実確認を丁寧に行う

不祥事につけ込む嫌がらせ・不当要求目的の悪質クレーマーは、要求実現に長時間かかることを嫌がります。

一方、悪質クレーマーでなければ、丁寧な事実確認に対しては、かえってその企業に対して信用を寄せるでしょう。

(2) 相手に具体的な要求を提示してもらう

要求を具体的に提示してもらうことによって、不当要求か否かの判断をしやすくするためです。

れるからです。

（３）弁護士に見解を求め、客観的な判断を参考にする

誤った判断によるさらなる不祥事を回避するため、通常時以上に、客観的な判断が求められるからです。

経営陣はクレーム対応担当者により配慮を

通常時でも、クレーム対応は非常にストレスのかかる仕事です。それが、企業不祥事発生時ともなれば、そのストレスは想像を絶します。

しかし、先に指摘したとおり、クレーム対応担当者の対応に、不祥事企業の信頼回復がかかっているといっても言い過ぎではありません。企業経営者は、間違っても場当たり的な指示や、朝令暮改によって彼らの志気を失わせるようなことをしてはならないのです。

そして、彼らを疲弊させないため、人員の増強や他部署の支援態勢を整えるなどの配慮が必要でしょう。

第9章 悪質クレーマー対応の7つの鉄則

本章では、今まで述べてきた悪質クレーム対策のまとめとして、**悪質クレーム対応の7つの鉄則**を挙げたいと思います。

(1) まずお詫びから

クレームに対しては、必ずお詫びから入るということが大切です。

この点、かつてよく見られたドイツやアメリカの裁判を引用した記事などによって誤解して、謝罪することに過度に拒絶反応を示す人が未だにいます。

ここで、お詫びというのは、クレームを言ってきた顧客に対し、「お手数(ご迷惑)をおかけしまして、申し訳ございません」という一言であって、「私どもの過失でした」とか、「私どもの責任です」という責任を認める趣旨のものではありません。

責任を認める趣旨のことを言ったり、文書を書いてしまえば、それは言質や念書を取られたということになってしまいます(第6章参照)。

この辺を混同して、「クレーマーには謝罪してはいけない」と考えている人が多いのではないでしょうか。

少なくとも、日本の裁判で、裁判官が企業の担当者がクレームをつけてきた顧客に対して「申し訳ございませんでした」と言ったことを理由に企業の責任を認めるなどということはありえません。謝罪の言葉と、過失や法的責任の有無とは全く別の問題なのです。

既に述べたとおり、企業や行政に苦情を言ってくる顧客や市民は、多かれ少なかれ、感情的になっています。まず、その入り口で、苦情を言ってきた人の感情を沈静化させるのです。

警戒心丸出しで「どういうご用件でしょうか」などと切り出せば、それでなくても感情的になっている顧客の神経を逆なでして、その後の交渉も非常に感情的になりがちで、上手くいきません。

謝罪を理由に法的な責任を負うことはないのですから、相手の感情を沈静化させるためにクレーム対応はお詫びの言葉から入るべきなのです。

逆にクレーマーがこちらがお詫びの言葉を述べたことに対し、「責任を認めるということだな」などと突っ込んできたら、これは、悪質クレーマーの疑いが濃厚ということです。

(2) 事実の確認を先行させる

次に、クレームの原因となった事実の確認を先行させ、事実が確定、あるいは、どうしても確定できない部分があると結論が出るまで、責任の有無などの判断や具体的な賠償の提示を絶対にしないということです。

事実確認とは、企業側に法的責任があるか否かを判断するための諸要素、すなわち、企業の過失、製品の欠陥、顧客の損害、過失や欠陥と損害の相当因果関係（第2章参照）に関係する諸事実を確認することであり、この事実確認は、クレーム対応担当者が最初に行うべき最優先事項です。

注意したいのが、責任の有無の判断や賠償額の提示そのものだけでなく、それらを前提とした行為、たとえば、損害額の査定なども、事実確認が確定するまではしてはならないということです。

損害額の査定をしたり、相手方に査定を出させたりすれば、間違いなく、賠償する前提で話は進んでしまいます。業者の見積書などが出れば、必ず、その金額が交渉の基準になってしまうのです。

この後に、「法的責任はありません」という話に持っていくことは、事実上困難になってしまうでしょう。

このように事実確認が確定しないまま、中途半端な判断を示したり、具体的な賠償額を打診したり、責任を前提とした行為をすると、クレーマーの術中にはまってしまったり（第5章参照）、念書を取られたり（第6章参照）してしまうのです。

（3）感情的な対応は厳禁

本書で何度も繰り返し指摘したように、苦情を言う人は多かれ少なかれ、感情的になっています。そのような感情をまともに受けて、こちらも感情的になって返しては絶対にいけません。

大手電気機器メーカーの苦情対応担当者が、感情的になって「お前みたいな奴をクレーマーと言うんだ」などと口走って、それをインターネット上に公開されたという事件がありましたが、このようにクレームを受ける側が感情的になって対応することは絶対に避けなければいけないのです。

クレーマーの怒りに火をつけ、余計に対応が難しくなったり、こちらの感情的対応が新たなクレームの口実になったりするからです。こうなると収拾がつきません。

さらには、性格的問題クレーマーの本性を目覚めさせたり（第4章参照）、場合によっては、普通の顧客を悪質クレーマーに変えてしまうことにもなりかねないのです。

感情的対応をするなといっても、時には難しいこともあるかもしれません。

クレーマーから理不尽な罵詈雑言を浴びせられたり、合理的な説明をしてもなお、平然と不当な要求を続けられれば、感情的になるのが普通です。

だからこそ、私は、本書第3章で悪質クレーマーをタイプ別に分類し、彼らの心理を明らかにしたのです。

理不尽な言動をクレーマーからされたときには、「ああ、あのタイプの悪質クレーマーなんだな。だとすると、説得は困難で平行線になるな」と分析できれば、冷静になれるはずです。

さらに、(2)で挙げた企業の責任の存否を判断するに必要な諸要素、すなわち、企業の過失、製品の欠陥、顧客の損害、過失や欠陥と損害の相当因果関係に関する事実の確認に集中し、それと関係しないクレーマーの罵詈雑言などの感情的言動は受け流すことです。

人間は、その対象を分析する姿勢に立つことで、その対象が原因で感情的になることを回避することができるものです。

そして、人間の怒り、興奮などの激情は、新たな刺激がない限り、長続きしません。

興奮していた顧客もこちらが感情的にならなければ、10分もしないうちに落ち着いてくるはずです。

そうしたら、自分のすべきこと、すなわち、事実確認の作業にすっと入っていけばよいのです。

(4) 堂々巡りになったときが最初のポイント

悪質クレーマーか否かの見極めは、クレームに対して、こちらが合理的な説明を繰り返しても、相手方がこれに納得せず、交渉が平行線になったときにつくものです。

第3章で指摘したとおり、このような悪質クレーマー（多くは性格的問題クレーマー）はいくら合理的な説明・説得を繰り返しても、納得させることは無理なのです。

彼らは、すぐにまた自分勝手な論旨に戻ってしまうからです。

ここで見切りをつける必要があります。

このような悪質クレーマーと企業が、その後も延々と交渉を続ければ、企業の損害は計り知れないし、対応担当者が精神的に疲弊することになります。

ここで感情を排し、もう一度だけ、揚げ足を取られないように丁寧な言葉で合理的な説明・説得を試みるのです。

（5）文書による最終回答・交渉窓口を弁護士に移管する通知を送る

にもかかわらず、なおも、クレーマーが同じ要求を繰り返してきたら、「社内で検討し、文書でご回答します」と言って交渉を打ち切り、文書で「本件に関しましては、弊社と致しましては、重ねて申し上げましたとおりの対応しか致しかねますので、これをもって最終的なご回答とさせていただきます」と通知するのです。

これに対して、なおも不当要求を続けたり、悪意の誹謗中傷や脅迫などの迷惑行為を行ってきたときは、交渉窓口弁護士移管の通知（資料編文書例1及び2参照）を出します。

この交渉窓口弁護士移管の通知を悪質クレーマーに出すと、ほとんどの場合、悪質クレーマーからは、企業にも、弁護士にも連絡が来ることはありません。

このようにして、悪質クレーマーとの関係を断つことができるのです。

（6）加害行為には素早い仮処分と刑事告訴で対応

悪質クレーマーがインターネット上での誹謗中傷や街宣などの加害行為を行ってきた場合には、直ちに警察に通報したり、弁護士に依頼してしかるべき仮処分や刑事告訴の手続をとってもらうことです。

この点、企業の苦情対応担当者や経営者の中には、被害を主張するクレーマーに対して、このような法的手続をとることを躊躇する人がいます。

悪質クレームにも企業側に落ち度があったり、企業不祥事がネタになったりする場合もあるので、事を大きくしたくない、あるいは、外部に不祥事が漏れてしまうことを恐れるのかもしれません。

しかし、このような法的手続をとることを躊躇してはいけません。ここで躊躇すると、必ず事態を悪化させることになります。

このような加害行為は犯罪を構成するか、少なくとも企業に対する不法行為です。

第1章で、悪質クレーマーに対しては、法的対応、すなわち、彼らの行為を法的、客観的に評価・判断し、対応すべきだと主張したのは、まさにこのことです。

そして、加害行為をしてくる彼らに法的手続をとること、たとえれば、**法的土俵に上らせることで悪質クレーマーの攻撃性を法的手続内に閉じ込めることができる**のです。

不思議なもので、人間は、同じ案件について、複数の場所で戦うことができないものです。

よくマスコミ上で批判し合っていた対立当事者が、裁判になると法廷闘争だけになってしまう例を見れば、ご理解いただけると思います。

したがって、仮処分、刑事告訴などの法的手続をとることによって、彼らの加害行為はほぼ確実に収束します。

そして、それらの手続の終了によって、彼らのその企業に対する不当要求をするエネルギーは完全に消失するのです。

(7) 悪質クレーム事例を記録して対応の指針とする

クレーム事案一般にいえることですが、特に悪質クレーム事例については、対応中から交渉経過を記録しておくべきです。

これは、①事実確認や悪質クレーマーとして法的対応をすべきか否かの判断に不可欠であるということと、②後のクレーム対策の検討のためです。

クレーマーの中には、当初、主張していた事実と矛盾する事実を、後で主張することがよくあります。

架空の事実であったり、事実を誇張したりするからですが、こういったことは、記録化しておかなければ気づかないし、クレーマーに対して指摘することもできません。

事件の相談を受け、助言をする立場の弁護士にとっても、交渉経過がきちんと整理されて記録化されていると、判断がつきやすいのです。

そして、事案が収束した後にクレーム対応記録が残されていれば、のちに同種のクレーム事案に遭遇した担当者の対応の指針になります。着地点が見えていれば、どんなに厄介なクレーム事案でも、それほどストレスを感じないで済むでしょう。

さらに、これをするとまずいということを過去の事例で知っておくことは現実の対応において非常な安心材料となります。そして、クレーム事例を集積して、これを基にして社内で検討を加えたり、マニュアルを作成すれば、対応が洗練されてくるのです。

このような経過を経て作成されたマニュアルでなければ、意味がないことは第1章で指摘したとおりです。

これも、第1章でも指摘しましたが、有効なクレーム対策というのは、一握りのクレーム対応のベテランにゆだねられるべきものではなく、このようにして広く共有すべきものなのです。

第10章 今後の課題

最後に、悪質クレーム対応の今後の課題と思われる点についていくつか触れてみます。

弁護士費用は悪質クレーマーのもたらす損失よりはるかに安い

まず、最も重要なことは企業のお客様相談室やカスタマーセンター、行政の窓口と弁護士の連携を確立するということでしょう。

悪質クレーマーに企業の対応担当者や行政の窓口職員がこれだけ悩まされているにもかかわらず、社外の弁護士と連携して対応するというシステムを確立していない企業や行政機関がほとんどのようです。

本書の様々な箇所で指摘したように、悪質クレーム対応においては、弁護士と連携することで、極めて有効な対策を打つことができます。交渉窓口弁護士移管の通知などはその最たるものです。

ところが、クレーム対応は対応担当者が解決すべき仕事であるという考えや、顧問弁護士が面倒くさがってきちんと対応してくれなかったり、企業や行政が弁護士費用を懸念したり、といった理由で、悪質クレームに対して、なかなか弁護士と連携して対処しようとしないのです。

しかし、悪質クレーマーが従業員のメンタルヘルスに与える影響は既に見過ごすことが許されないレベルにきています。

長期間にわたって悪質クレームに関わっていた担当者が、事案が解決した後、1、2週間、休んでしまうということはよく見られることであり、うつ病を発症して休職してしまう担当者すらいるのです。

悪質クレーム対応に弁護士の関与があれば、悪質クレーム事案を素早く収束させることができますし、何より、社外の専門家の助言者がいることで、クレーム対応担当者の精神的負担はかなり軽減できるはずです。

また、これは弁護士側の業務対策の問題ですが、今後、弁護士が大都市において過剰となることが予測される状況で、悪質クレーム対応を面倒だなどと言っていては、顧問先を獲得できないし、既存の顧問先からも逃げられるのではないでしょうか。

これは私の感覚に過ぎませんが、同じ専門職でも、医者は、昔と比べて、患者に対して、患者の立場に立ったきめ細かいサービスを提供するようになったと思います。

それに比べて、私自身も反省しなければいけませんが、弁護士は未だに敷居が高く、融通が利かないと思います。

また弁護士費用の問題ですが、これは一度試算してみるとわかることですが、悪質クレーマーに長期間煩わされていることの損失の方が、弁護士費用よりもはるかに高くついているはずです。

悪質クレーマーと長期間関わることによる損失は、数字として目に見える形で現れないだけで、実は膨大なのです。

悪質クレーマー対応に関して、弁護士と連携を確立してしまえば、弁護士の仕事は、ほとんどが助言と判断だけです。したがって、顧問料以外に、それほど弁護士費用が発生するとは考えられません。

私は、弁護士との連携確立が最も早急になすべき悪質クレーマー対策であると考えています。企業もその有効性に目を向ければ、悪質クレーマー対応における弁護士との連携は、今後急速に広まっていくのではないでしょうか。

担当者のメンタルヘルスに心理専門家の力を

実際に悪質クレーマーと対応した方ならご理解いただけると思うのですが、彼らの自己中心的で、独善的な思考は、やはり特殊なものです。

このような悪質クレーマーと相対するには、心理学的な知識は不可欠だと思います。

ところが、企業や行政には、悪質クレーマー対応についてアドバイスを求めることができる心理専門家などは、おそらく存在しないのではないでしょうか。

また、悪質クレーマーの心理について臨床的に研究している専門家も少ないと思われます。

今後、この分野の臨床的な研究と、できれば、悪質クレーム対応についてアドバイスができる精神科医、臨床心理士等の心理専門家が現れると、企業や行政としては、非常に心強いでしょう。

また、悪質クレーマーと相対する対応担当者のメンタルヘルスについて、相談に乗ったり、助言をしたりするという側面からも、ぜひとも心理専門家の力が必要です。

私は、悪質クレーマー対策のセミナーで一度だけ、心理専門家の立場から上記の二つの問題についての講演を聞いたことがありますが、その後、同種の企画がなかなかされないのは本当に残念です。

お客様相談室における「2007年問題」

「お客様相談室における2007年問題」ということが密かにいわれています。

2007年問題とは、普通、団塊の世代が2007年に定年退職期を迎えて、大量に退職してしまうことによる企業における労働力不足の問題をいいますが、お客様相談室のそれは、定年退職した団塊の世代が暇を持て余して、その知識と経験を生かして厄介なクレーマーになり、大量のクレーマーが発生するのではないかという問題です。

団塊の世代の方々にとっては、非常に失礼な話ですが、現にクレーム対応に携わっている担当者の率直な懸念というか、実感らしいのです。

自分はまだ十分に通用する知識や経験を持っているのに、それを生かせる場所がない。そういったときに、かつて自分が勤務していた会社と同業の企業から買った商品や受けたサービスが不十分であったとする。ひとつ、きちんと教えておいてやろうかという気持ちになることはありうることだと思います。

このような専門的な知識を持った人にいい加減なことを言って対応すると、たちまちお叱りをいただくことになります。

こういった経験をしているお客様相談室の担当者も多いことでしょう。

しかし、私は、これこそ企業に対する貴重な提言として、拝聴すべきであると思います。

そのような姿勢で耳を傾ければ、このような人は決して悪質クレーマーになったりしないのではないでしょうか。

経験が浅く、知識が少ない対応担当者に教えてやろうという気持ちでつけられるクレームである限り、「しつこい」と思わずにご教授願うのが正解です。

ただし、業務の妨げになる段階に至れば、悪質クレーマー（ほとんどが性格的問題クレーマーに分類されるでしょう）として法的対応をとることが必要です。


学校など公共サービスで増加する悪質クレーマー

最近、悪質クレーマーによる被害が最も深刻なのは、行政窓口や学校などの公共サービス分野ではないでしょうか。

企業においても、無償サービス分野では悪質クレーマーが多いということを、第7章の事例5の解説で指摘しました。基本的に無償サービスである公共サービスにおいて、悪質クレーマーが多いことは想像に難《かた》くありません。

私は、顧問先のほとんどが企業なので、行政窓口や学校における悪質クレームの実態を報道でしか見ていません。

このような公共サービスの分野では、市民や生徒の保護者をクレーマーと捉えるだけで、一部のマスコミや評論家から相当な批判を受けてしまいます。おそらく、悪質クレーマー対策などは確立されていないでしょう。

2007年6月の朝日新聞の報道によると、大阪市の教育委員会では、学校や教師に理不尽な文句を言ったり、無理な注文をつけたりする保護者に対処するため、新任教師を対象に研修を行うとされていました。

このような研修は新任の教師だけでなく、ベテラン教師にも必要でしょう。

しかし、報道されているクレーム事例が現実に存在するとすれば、市民であろうと生徒の保護者であろうと、やはり悪質クレーマーとして法的対応をとるべきでしょう。

こういった方向について、保護者をモンスターペアレントなどという言葉をつけて特別視すべきではないという批判を目にします。

しかし、そうした批判をする方は、現に悪質クレーマーに悩まされている職員や教師がいるという事実と、悪質クレーマーには基本的に合理的な説得ができないという実態を直視し、理解すべきではないでしょうか。

近隣に住む悪質クレーマーの迷惑行為には早期に警察を

最後に、近隣関係における悪質クレーマー対応について付言したいと思います。

有名になった「騒音おばさん」の事件以降も、隣の住人から理不尽なクレームや嫌がらせを受けている被害者の報道が相次ぎました。

そのような迷惑行為をする人物の言動は、性格的問題クレーマーの極端なものといえるでしょう。しかも、企業や行政窓口における悪質クレーマーと違って、被害者は、逃げることができません。そのストレスたるや、想像を絶するものがあります。

このような近隣関係の悪質クレーマーの対処法ですが、基本的には悪質クレーマーを刺激しないで、できるだけ関係を持たないということでしょう。

彼らの迷惑行為は、そのほとんどが何らかの憎しみに由来するものです。

憎しみといっても、彼らのゆがんだ性格からくる逆恨みなのですが、これを刺激して、憎しみのエネルギーを増幅させないということです。

このようにできるだけ関係を持たないようにしても、ひどい嫌がらせ行為が続く場合は、泣き寝入りせず、早い段階で被害を被っている近隣住民複数がまとまって警察に対する刑事告訴を行うしかないと思います。

弁護士に仮処分などの法的手続をとってもらうだけでは、かえって憎しみのエネルギーを増幅させるだけでしょう。近隣関係の悪質クレーマーによるストレスだけは、決して我慢して耐えられるようなものではありません。

数年前ですが、このような近隣関係のこじれから、猟銃による殺人事件に発展した事件もありました。このような悲劇に至らないためにも、早期に警察を介在させることが有効な対策だと思います。

そして、警察も、このような近隣住民のストレスを理解し、犯罪予防の観点からも、適切な処置を早期にとるべきであると思います。

おわりに

「お客様第一」を標榜する企業の欺瞞

本書で私は、建前的な顧客主義から脱却して、悪質クレーマーは顧客として扱うべきでなく法的対応をすべきであると主張し、その理由を悪質クレーマーはその性質から誠意をもって合理的説明・説得をしても納得することがないからであると指摘しました。

このような考え方に対しては、悪質クレーマーは性質的に説得できないなどとは、苦情を言う人に対する人格否定であり、企業と顧客の関係を悪化させる危険な考え方だという批判があるかもしれません。

しかし、私は、そうした批判は多分に観念的で、現実を見ていないと思うのです。

合理的な説得を受け入れず、自己の不当な要求をやめようとせず、要求が受け入れられなければ、嫌がらせをしようとする人々は現にいるのであり、それによって、苦しめられている人々がいるのです。それを直視せず、なお、嫌がらせを続ける人々に対しても理解を示し、納得・満足してもらうべきだという主張は、欺瞞《ぎまん》ではないでしょうか。

それと同じように、企業が標榜する顧客主義も実は欺瞞が多いのではないでしょうか。

「お客様第一」とCMで再三放映しながら、保険金の不払いを長期間にわたって行っていた保険会社や、「お客様のために誠意を尽くして」と言いながら、利息制限法を超える利息を取り続けていた消費者金融など、既に消費者は、誰もそのような企業の「顧客主義の宣言」を信じなくなっています。

にもかかわらず、顧客主義を掲げる企業を消費者は白々しく思っているのではないでしょうか。

私は、本書において悪質クレーマーの増加の背景として、消費者保護法の施行による消費者の権利意識の高揚、企業不祥事による企業に対する不信、インターネットの普及によって消費者が武器を持ったことの3点を挙げました。

しかし、私個人の感覚かもしれませんが、**悪質クレーマーの潜在意識には、この企業の顧客主義の欺瞞に対する怒りや侮蔑がある**ように思います。

「そんなに、ご体裁のいい嘘を言い続けるのなら、それにつけ込んでやる」という心理です。

行き過ぎた顧客主義によって、消費者が増長してクレーマー化したという考えもありますが、実は、そうではなく、消費者がこのような欺瞞に怒ったり、侮蔑したりしていることが悪質クレーマーの激増の真の原因ではないでしょうか。

このような企業の顧客主義の欺瞞に対する怒りは消費者だけではありません。その企業に勤務する従業員もそれ以上に怒っています。

近時の企業不祥事の多くが内部告発によって発覚していることが、それを物語っているといえるでしょう。

企業の顧客主義の建前と悪質クレーマーとの間で苦しんでいる従業員のことを、企業の経営者はどのように考えているのでしょうか。

今に、クレーム対応担当者の反乱が起きるかもしれません。

人間を幸せにするのは建前ではなく具体的な制度と人

企業が建前的な顧客主義を標榜するようになっても、私たちはそのことで決して幸福にはなりません。むしろ、欺瞞に気づき、精神は荒廃します。

コンプライアンスにしても、顧客主義にしても、その核心は標榜することではなく、それを実現するための具体的な制度であり、それを理解して運用する人でしょう。

そういった制度や人が確立しない限り、人間は幸福にはならないと思います。

したがって、悪質クレーマー対策も提言ではなく、実際に利用できる対応システムの構築と確立が肝要なのです。

ここまで、本書をお読みいただき、私の拙《つたな》い議論にお付き合いいただいた読者にお礼を申し上げます。

そして、企業や行政のしかるべき責任者の方が、本書に書かれたことに一つでも共感して、悪質クレーマー対策に力を入れていただければ望外の幸せです。

横山雅文

資料編

文書例1

□□□□　様

平成○年○月○日
株式会社○○○○
○○営業部部長　○○○○

口座振替依頼書紛失のお詫び及び受信料のお支払いについて

拝啓　益々ご健勝のこととお慶び申し上げます。

平素より格別のお引き立てを賜り、ありがたく厚く御礼申し上げます。

このたび、△△様にご記入頂き、弊社代理店にて平成○○年○○月にお預かりいたしました弊社受信サービスの利用料に関する口座振替依頼書が紛失してしまったことにつきまして、ここにあらためまして深くお詫び申し上げます。

本件につきましては、△△様から、（1）弊社社長による直接の謝罪（2）金100万円の慈善団体への寄付というご要望を頂戴しておりましたが、社内で検討させていただきました結果、これらのご要望は、弊社としてはお受けいたしかねるという結論に至りました。

弊社といたしましては、今回の口座振替依頼書が紛失してしまったことによる、△△様の損害につきましては、法的に認められる賠償をさせていただくことにより、本件に関する責任を取らせていただきます。

なお、具体的な賠償額及びその他この件に関する一切の事項につきましては、以下の弊社代理人弁護士を通じてのみご対応させていただき、以後は弊社お客様相談室、ならびに営業部等での本件に関するご対応は致しかねますので、ご了承願います。

東京都港区○○1丁目2番3号
○○ビル4階

電話：０３‐××××‐××××
○○法律事務所　弁護士○○○○
なお、△△様よりご要請いただいております口座引落しによる弊社受信サービスの利用料のお支払いを開始するためには、お手数をおかけして申し訳ございませんが、△△様に改めて弊社事務センター宛に預金口座振替依頼書のご提出をいただく必要がございます。

大変恐縮でございますが、何卒、今一度のお手続賜りたく重ねてお願い申し上げます。

敬具

平成○年○月○日

文書例２

□□□□　様

○○○○株式会社
カスタマーサービス部
部長○○○○

拝啓
このたび弊社商品について事故報告をいただき、誠にお手数をおかけいたしました。
さて、平成○年○月○日から平成○年○月○日まで、リビング・ダイニングキッチン等の場所にて、全36回にわたり、弊社商品で事故が発生したとご報告をいただき、弊社のこれに対する対応を求められました件につきまして、弊社顧問弁護士と検討した結果、弊社の見解を本書面にてご回答させていただきます。
弊社担当者が、△△様のご自宅の損傷状態を確認・撮影させていただきましたところ、△△様お申し出の損傷箇所はいずれも通常の使用で発生しうる軽微なへこみであり、各損傷自体、特に損害と見るべきものではないこと、及び、事故が複数回発生しながら、なおもその後使用を継続し、30回を超える事故が発生したとされるご主張自体、そのような被害（おそらく、かなりの驚愕と危険ないし恐怖感を伴う）が発生したご利用者の通常の心理を前提に考えると、△△様の被害申告事実は、にわかに信用し難いものであります。

つきましては、弊社と致しましては、△△様のご申告・ご主張を前提として損害の賠償をすることは致しかね、本件の対応としましては、既に行われている製品の交換の他、ご申告された初回の事故につき若干のご迷惑料のお支払いを検討させていただくことを考えております。

もとより、△△様におかれましては、上記弊社の見解につき、ご不満ご異議もあろうかとも思われますが、弊社と致しましては、現時点でこれ以上の対応は考えておりません。

従いまして、今後の本書面に対してのご異議・お問い合わせにつきましては、下記弊社顧問弁護士を窓口とさせていただきますので、ご理解の程、何卒、宜しくお願い申し上げます。

敬具

東京都港区○○1丁目2番3号
○○ビル4階
○○法律事務所
弁護士○○○○
電話　03-××××-××××

文書例3

拝啓
△△様におかれましては、益々ご清栄のこととお慶び申し上げます。
当職は○○○○株式会社（以下、「通知会社」と言います）の代理人として△△様に対し、以下のとおり、ご通知申し上げます。

本年、○月○日、弊社従業員が起こしました住居侵入事件につきまして、△△様にご迷惑をおかけしましたこと、通知会社に代わり、深くお詫び申し上げます。

さて、この件に関し、過日、△△様のお父様から通知会社に対し損害賠償の請求をいただきましたので、当職が通知会社の代理人として本件に関する△△様及びお父様のご意見ご主張をお聞かせいただくため、ご都合の宜しい日時をいくつか当職宛ご指定いただきたく存じます。

なお、通知会社従業員である●●●●が△△様宅を訪問した際、お父様から極めて強い叱責、責任追及を受け、通知会社が△△様に対し、全ての損害について賠償を行うかのような書面を書かされましたが、通知会社は今回の件につき基本的に法的責任を負う立場にないものであり、お父様の強い責任追及を約2時間にわたって受け、これにより混乱した同人が真意に基づかず作成したものであります。

つきましては、今後、本件については当職が窓口となりますので、●●●●及び通知会社に対する問い合わせ、直接の請求及び交渉はお控えくださるようお願い申し上げます。

敬具

東京都○○区○○丁目○番○号
□□□□　様
平成○○年○月○日
東京都港区○○1丁目2番3号
○○ビル4階
○○法律事務所
通知会社代理人弁護士○○○
電話　03-××××-××××

民法　参照条文

（公序良俗違反の法律行為）
第90条
公の秩序又は善良の風俗に反する事項を目的とする法律行為は、無効とする。

（錯誤による意思表示）
第95条
意思表示は、法律行為の要素に錯誤があったときは、無効とする。ただし、表意者に重大な過失があったときは、表意者は、自らその無効を主張することができない。

（詐欺又は強迫による意思表示）
第96条
詐欺又は強迫による意思表示は、取り消すことができる。

（代理権授与表示による表見代理）
第１０９条
第三者に対して他人に代理権を与えた旨を表示した者は、その代理権の範囲内においてその他人が第三者との間でした行為について、その責任を負う。ただし、第三者が、その他人が代理権を与えられていないことを知り、又は過失によって知らなかったときは、この限りでない。

（権限外の行為の表見代理）
第１１０条
前条本文の規定は、代理人がその権限外の行為をした場合において、第三者が代理人の権限があると信ずべき正当な理由があるときについて準用する。

刑法　参照条文

刑法130条　住居侵入罪
正当な理由がないのに、人の住居若しくは人の看守する邸宅、建造物若しくは船舶に侵入し、又は要求を受けたにもかかわらずこれらの場所から退居しなかった者は、3年以下の懲役又は10万円以下の罰金に処する。

例　拒否したにもかかわらず、応接室に押しかけてきた。退去を求めたのに居座った。

刑法222条　脅迫罪
生命、身体、自由、名誉又は財産に対し害を加える旨を告知して人を脅迫した者は、2年以下の懲役又は30万円以下の罰金に処する。
親族の生命、身体、自由、名誉又は財産に対し害を加える旨を告知して人を脅迫した者も、前項と同様とする。

例「お前の家はわかっている。小さい子どももいるよな。誘拐や通り魔には気をつけろよ」と言われた。

刑法223条　強要罪
生命、身体、自由、名誉若しくは財産に対し害を加える旨を告知して人を脅迫し、又は暴行を用いて、人に義務のないことを行わせ、又は権利の行使を妨害した者は、3年以下の懲役に処する。
親族の生命、身体、自由、名誉又は財産に対し害を加える旨を告知して脅迫し、人に義務のないことを行わせ、又は権利の行使を妨害した者も、前項と同様とする。
例「念書を書かなければ、ネット上にこのことをばらすぞ」と言われ、念書を書いてしまった。

刑法233条　信用毀損・業務妨害罪
虚偽の風説を流布し、又は偽計を用いて、人の信用を毀損し、又はその業務を妨害した者は、３年以下の懲役又は50万円以下の罰金に処する。
例　○○化粧品は、発がん性のある原料を使用しているとの虚偽の情報をネット上で広めた。
例　一日数百回にわたり電話をかけてきて、その度に意味不明なことを延々繰り返し、電話回線をふさいだ。
刑法２３４条　威力業務妨害罪
威力を用いて人の業務を妨害した者も、前条の例による。
例「ここの弁当は、毒入りコロッケが入ってるぞ。お前死ぬ気か」と店舗前で大声を出され、客が入ってこれなくなった。
刑法２４６条　詐欺罪
人を欺いて財物を交付させた者は、10年以下の懲役に処する。

例　異物混入をでっち上げて代品、示談金を取得した。
刑法２４７条　背任罪
他人のためにその事務を処理する者が、自己若しくは第三者の利益を図り又は本人に損害を加える目的で、その任務に背く行為をし、本人に財産上の損害を加えたときは、５年以下の懲役又は50万円以下の罰金に処する。
例　賠償する法的理由がないにもかかわらず、不祥事を公表されないために会社の従業員が法外な賠償金を支払った。
刑法２４９条　恐喝罪
人を恐喝して財物を交付させた者は、10年以下の懲役に処する。
例「企業不祥事を記事にするぞ」と脅し、取材協力金の名目で、金銭を取得した。

［編集協力］オフィス1975

PHP新書
PHP INTERFACE
http://www.php.co.jp/

横山雅文［よこやま・まさふみ］
1963（昭和38）年生まれ。弁護士。中央大学法学部法律学科卒。平成3年4月弁護士登録（東京弁護士会）。国内法律事務所の勤務弁護士を経て、平成10年に表参道法律事務所設立。顧問先企業の民事介入暴力、悪質クレーム対応の経験から、悪質クレーマーを分析し、その対応のノウハウを企業セミナー等で公開して好評を得ている。
また、株式会社東京商工リサーチのホームページにて、「予期せぬ損害」「重要新法ポイント解説」を連載している。東京弁護士会住宅紛争処理委員。

プロ法律家のクレーマー対応術
（PHP新書522）

二〇〇八年五月三十日　第一版第一刷
二〇〇八年八月二十一日　第一版第六刷

著者――横山雅文
発行者――江口克彦
発行所――PHP研究所
東京本部――〒102-8331　千代田区三番町3-10
新書出版部 ☎03-3239-6298（編集）
普及一部 ☎03-3239-6233（販売）
京都本部――〒601-8411　京都市南区西九条北ノ内町11
組版――有限会社エヴリ・シンク
装幀者――芦澤泰偉＋児崎雅淑
印刷所
製本所――図書印刷株式会社

ISBN978-4-569-69926-4

ＰＨＰ新書刊行にあたって

「繁栄を通じて平和と幸福を」（PEACE and HAPPINESS through PROSPERITY）の願いのもと、ＰＨＰ研究所が創設されて今年で五十周年を迎えます。その歩みは、日本人が先の戦争を乗り越え、並々ならぬ努力を続けて、今日の繁栄を築き上げてきた軌跡に重なります。

しかし、平和で豊かな生活を手にした現在、多くの日本人は、自分が何のために生きているのか、どのように生きていきたいのかを、見失いつつあるように思われます。そして、その間にも、日本国内や世界のみならず地球規模での大きな変化が日々生起し、解決すべき問題となって私たちのもとに押し寄せてきます。

このような時代に人生の確かな価値を見出し、生きる喜びに満ちあふれた社会を実現するために、いま何が求められているのでしょうか。それは、先達が培ってきた知恵を紡ぎ直すこと、その上で自分たち一人一人がおかれた現実と進むべき未来について丹念に考えていくこと以外にはありません。

その営みは、単なる知識に終わらない深い思索へ、そしてよく生きるための哲学への旅でもあります。弊所が創設五十周年を迎えましたのを機に、ＰＨＰ新書を創刊し、この新たな旅を読者と共に歩んでいきたいと思っています。多くの読者の共感と支援を心よりお願いいたします。

一九九六年十月

ＰＨＰ研究所

253 おとなの温泉旅行術 松田忠徳
263 養老孟司の〈逆さメガネ〉 養老孟司
296 美術館で愛を語る 岩渕潤子
306 アダルト・ピアノ―おじさん、ジャズにいどむ 井上章一
307 京都人の舌つづみ 吉岡幸雄
310 勝者の組織改革 二宮清純
323 カワハギ万歳！ 嵐山光三郎
328 コンプレックスに勝つ人、負ける人 鷲田小彌太
331 ユダヤ人ならこう考える！ 烏賀陽正弘
340 使える！『徒然草』 齋藤 孝
347 なぜ〈ことば〉はウソをつくのか？ 新野哲也
348 「いい人」が損をしない人生術 斎藤茂太
361 世界一周！ 大陸横断鉄道の旅 櫻井 寛
370 ああ、自己嫌悪 勢古浩爾
377 上品な人、下品な人 山﨑武也
385 一度死んでみますか？ 島田雅彦／しりあがり寿
411 いい人生の生き方 江口克彦
422 〈感じ〉のいい人、悪い人 山﨑武也
424 日本人が知らない世界の歩き方 曽野綾子
431 人は誰もがリーダーである 平尾誠二
464 自分に酔う人、酔わない人 勢古浩爾
484 人間関係のしきたり 川北義則
491 男なら、ひとり旅。 布施克彦
493 一度は泊まってみたい癒しの温泉宿 松田忠徳
507 頭がよくなるユダヤ人ジョーク集 烏賀陽正弘
516 熱き心 山本寛斎

［医療・健康］

040 インフルエンザ 中島捷久／中島節子／澤井 仁
226 あきらめないガン治療 帯津良一
278 心臓は語る 南淵明宏
336 心の病は食事で治す 生田 哲
392 病気知らずのビタミン学 生田 哲
401 「脳力」をのばす！ 快適睡眠術 吉田たかよし
416 家族のための〈認知症〉入門 中島健二
420 お父さんはなぜ運動会で転ぶのか？ 辻 秀一
456 インフォドラッグ 子どもの脳をあやつる情報 生田 哲
498 「まじめ」をやめれば病気にならない 安保 徹
499 空腹力 石原結實